EINFACH GUT

ANGELA DAUTZ (HRSG.)

SAUERKRAUT FÜR GENIESSER

FALKEN

Hengstenberg
Mildessa
Mildes Weinsauerkraut
Mit natürlichem Vitamin C

INHALT

Verbinden Sie Sauerkraut nicht auch spontan mit herzhafter und deftiger Hausmannskost? Der Gewohnheit, Sauerkraut mit Speck, fettem Fleisch und Würstchen stundenlang zu kochen, wird in diesem Buch nicht allzu großer Platz eingeräumt.

Die Vielfalt der Zubereitungs- und Verzehrmöglichkeiten von Sauerkraut wird seit Jahrzehnten unterschätzt. Mit diesem Kochbuch „Sauerkraut für Genießer" möchte ich dazu beitragen, dieses traditionelle Vorstellungsbild um moderne, zeitgemäße und vor allem raffinierte Rezeptkreationen mit Sauerkraut zu erweitern und es auf die Ebene kulinarischer Köstlichkeiten zu heben.

„Sauerkraut für Genießer" zeigt, dass die Anwendungsmöglichkeiten von Sauerkraut in besonderem Maße die Anforderungen der modernen Ernährung erfüllen und sich gleichzeitig zauberhafte Verzehrideen für Sauerkraut kreieren lassen. Längst stehen auch bei Spitzenköchen Sauerkrautspezialitäten auf der Speisekarte. Der Sprung in die Welt des Lukulls ist gelungen. Aber auch für Hobbyköchinnen und -köche kann es ein kulinarisches Vergnügen sein, die Vielseitigkeit des Sauerkrauts zu entdecken und damit Neues auszuprobieren.

Erkunden Sie die neuen Wege, mit Sauerkraut zu genießen, und lassen Sie sich durch leichte Zwischenmahlzeiten, ungewöhnliche Snacks und kalorienarme Gerichte verführen. Neben Geschmack, ansprechender Optik und Abwechslung bietet Sauerkraut ideale Voraussetzungen für die moderne, junge Küche, die den Genuss stärker in den Vordergrund stellt.

Die besten und ungewöhnlichsten Rezepte habe ich für Sie zusammengestellt. Die Anregungen sollen Sie verführen, dieses gesunde und leichte Naturprodukt immer wieder neu zu genießen.

Viel Spaß beim Kochen und guten Appetit wünscht Ihnen

Ihre

Kleiner geschichtlicher Rückblick

Über viele Jahrhunderte hinweg galt Sauerkraut als ein wichtiges Nahrungsmittel der Deutschen. So kam es, dass wir vor allem von den Amerikanern als „The Krauts" bezeichnet wurden.

Auch heute noch werden in der Bundesrepublik rund 218 Tausend Tonnen Weißkohl jährlich zu Sauerkraut verarbeitet, was einem Pro-Kopf-Verbrauch von 1,4 kg (Quelle:VdS/1996) im Jahr entspricht. Damit führen die Deutschen noch immer die Hitliste der Krautkonsumenten an. Als häufiger Irrtum, der sich auch in Ludwig Uhlands Gedicht widerspiegelt, wird die Herkunft des Sauerkrautes in deutschen Landen vermutet:

„Und dann das edle Sauerkraut
Wir dürfen's nicht vergessen:
Ein Deutscher hat's zuerst gebaut,
Drum ist's ein deutsches Essen.
Wenn so ein Fleischchen weich und mild
Im Kraute liegt, das ist ein Bild,
Wie Venus in den Rosen!"

Ludwig Uhland (1787–1862)

Vielmehr rühmten sich in langer Vorzeit außer den Germanen auch andere Völker des kostbaren Krautes. Schon der griechische Philosoph Hippokrates erwähnte es im 4. vorchristlichen Jahrhundert. Und auch die Römer wussten es zu schätzen. Sie haben zerkleinertes Weißkraut gesalzen, eingestampft und in Tongefäßen aufbewahrt. Die Chinesen wollen bereits vor der Errichtung der chinesischen Mauer (Baubeginn 3. Jhr. v. Chr.) Kohl haltbar gemacht haben.

Kaum eine Werbebroschüre lässt die Tatsache unerwähnt, dass für die berühmten Seefahrer, wie Christoph Kolumbus und James Cook, das Sauerkraut neben eingesalzenem Fleisch, Dörrfisch und Dörrobst der wichtigste Proviant auf allen Schiffen der Weltmeere war. Für die oft Monate dauernden, abenteuerlichen Fahrten war es der einzige Lieferant des lebensnotwendigen Vitamin C. Nur mit großen Mengen Sauerkraut an Bord konnten die Mannschaften vor der gefürchteten Vitaminmangelkrankheit Skorbut geschützt werden.

Neben den gesundheitlichen Gründen wurden stets geschmackliche Vorzüge überliefert. Namhafte Dichter und Erzähler widmeten inzwischen fast sprichwörtlich gewordene Verse dem Genuss von Sauerkraut.

Wilhelm Busch erzählt beispielsweise, wie Witwe Bolte eben geht mit einem Teller in den Keller, ...

„...daß sie von dem Sauerkohle
eine Portion sich hole
wofür sie besonders schwärmt
wenn es wieder aufgewärmt."

(Wilhelm Busch 1832–1908)

Das ehemals bissige Vorurteil vom Sauerkraut-Deutschen verwandelt sich immer

mehr in ein Synonym für Feinschmecker und Genießer. Diese nämlich haben die vielfältige Verwendbarkeit des typisch deutschen Produktes entdeckt. Heute findet sich Sauerkraut im Spezialitätenrestaurant »Au Vieux Berlin«, im Herzen von Paris, an oberster Stelle der Speisekarte. Auch auf anderen Speisekarten der großen weiten Welt wird Sauerkraut immer häufiger Platz eingeräumt. Das beweist, dass des Deutschen Nationalgericht ein für alle Weltküchen vielseitig verwertbares Nahrungsmittel ist.

Name und Herkunft

Kohl ist ein Sammelbegriff für Gemüsepflanzen, die von der Brassica oleracea abstammen. Die bekannteste und wichtigste Kohlart ist der Weißkohl, auch Weißkraut, Kopfkohl, Kraut, Kappus, Kappes und Kabis genannt. Im Gegensatz zu diesen unterschiedlichen Bezeichnungen wird für das zubereitete Nahrungsmittel ein einziger Name verwendet: Sauerkraut.

Ein kleines aber inzwischen berühmtes Anbaugebiet liegt in Süddeutschland bei Stuttgart auf den sogenannten Fildern, bekannt durch das Spitzkraut. Weit wichtigere und vor allem größere Anbaugebiete befinden sich in Hessen, in der Gegend um Fritzlar, in Schleswig-Holstein, am Niederrhein und in Niederbayern.

Die Felder der Anbaugebiete werden je nach Wetterlage ab dem Monat April bestellt. Neben der Verwendung von Saatgut besteht die Möglichkeit, kleine, im Gewächshaus vorgezogene Kohlpflanzen auszusetzen. Für beide Varianten gilt eine alte Bauernweisheit für die Bodenbeschaffenheit: je nässer, desto besser.

Nach der Pflanzung muss der Weißkohl

etwa fünf Monate wachsen und gedeihen, bis er dann ab September geerntet werden kann. Dies erfolgt meist mit speziellen Messern, mit welchen der Kohl abgeschlagen wird. Anschließend legt man die Ernte in Reihen aus, bevor sie sorgfältig von Hand verladen wird. Unmittelbar nach Anlieferung in die Betriebe werden die Kohlköpfe verarbeitet. Auch eine vorübergehende Einlagerung kann bedenkenlos und ohne Qualitätsverlust vorgenommen werden.

Vom Weißkohl zum Sauerkraut

Die Herstellung von Sauerkraut ist denkbar einfach und beschränkt sich auf die Verwendung der reinen Naturprodukte Weißkohl und Salz.

Im ersten Arbeitsgang wird der Weißkohl von den äußeren, grünen Blättern befreit. Anschließend wird der Strunk herausgebohrt und der Kohl sorgfältig geputzt. Die so vorbereiteten Kohlköpfe werden fein und gleichmäßig geschnitten und unter Zugabe von Salz Schicht für Schicht in große Gärbehälter eingelegt. Der austretenden Zellsaft setzt sich in die Zwischenräume, vertreibt die Luft und bildet einen idealen Nährboden für Essig- und Milchsäurebakterien. Die einsetzende Gärung erfolgt durch den im Kraut enthaltenen Zucker, der zu Essig- und Milchsäure vergoren wird. Diese saure Reaktion stabilisiert das im Weißkohl enthaltene Vitamin C.

Ist der Säuregrad, der für Aroma und Bekömmlichkeit entscheidend ist, erreicht, so wird das Kraut den Gärbehältern entnommen, kurz für die Beendigung der Gärung erhitzt (blanchiert) und in Dosen abgefüllt. Das Sauerkraut wird, wie gesetzlich vorgeschrieben, ohne Ver-

wendung chemischer Zusätze durch Pasteurisation (Erhitzen der verschlossenen Dosen im Wasserbad) haltbar gemacht. Der natürliche Vitamin-C-Gehalt und der frische Geschmack des Krautes bleiben somit weitgehend erhalten.

Sauerkraut als Konserve
Industriell wird Sauerkraut seit Ende des letzten Jahrhunderts hergestellt. Der Durchbruch, Sauerkraut in Dosen haltbar zu machen, gelang erstmals in den 30er Jahren einer deutschen Konservenfabrik. Der Firmenchef Dr. Richard Hengstenberg gab den Kauf einer kleinen Schneidemaschine für Weißkohl in Auftrag, um aus Weißkohl Sauerkraut herzustellen. Nach dem normalen Gärprozess wurde das Sauerkraut in Dosen abgefüllt und verschlossen und nachfolgend in einem 80 bis 90 °C heißen Wasserbad zur Haltbarmachung erhitzt (pasteurisiert). Jedoch scheiterte dieser erste Versuch, der die Explosion sämtlicher Dosen zur Folge hatte. Noch heute spricht man von der Bombage der Dosen.
Der Grund hierfür war schnell gefunden. Das Sauerkraut musste vor der Abfüllung leicht erhitzt werden (Blanchieren), damit die restlichen Gärgase entweichen konnten. Dies war die Geburtsstunde des pasteurisierten Sauerkrautes.

Vitamine und Co im Sauerkraut
Dass Sauerkraut ein gesundes Nahrungsmittel ist, steht außer Frage. Was spricht aus Sicht der Ernährung dafür, es häufig auf den Speisezettel zu setzen?
Ohne Zweifel sind es die wertvollen Bestandteile, wie z. B. B-Vitamine, Vitamin K und Vitamin C, Mineralstoffe wie z. B. Eisen, Calcium, Kalium und Ballaststoffe.

Bei den Vitaminen ist speziell das Vitamin C (Ascorbinsäure) zu erwähnen. Schon 200 g Sauerkraut decken mehr als den halben Tagesbedarf eines Erwachsenen an Vitamin C.

100 g abgetropftes rohes Sauerkraut enthalten:

90,7 g	Wasser
0,3 g	Fett
1,5 g	Protein
0,8 g	Kohlenhydrate
0,2 mg	Vitamin B_6
20,0 mg	Vitamin C
1540 µg	Vitamin K
270,0 mg	Kalium
50,0 mg	Calcium
0,6 mg	Eisen
2,0 g	Ballaststoffe
17 kcal	71 kJ

Folgende Erläuterungen geben Ihnen Aufschluss über die Wirkung der Vitamine, Mineralien und Ballaststoffe im Sauerkraut:

Vitamin C: stärkt das Immunsystem und beugt somit Erkältungs- und Grippeerkrankungen vor, spielt eine wichtige Rolle bei der Bildung von Kollagen

Vitamin B_6: übernimmt wichtige Funktionen im Fett- und Proteinstoffwechsel

Vitamin K: spielt eine zentrale Rolle bei der Blutgerinnung

Kalium: ist an der Regulation des Wasserhaushalts beteiligt, wichtig für die Herz-, Muskel- und Nerventätigkeit

Calcium: ist unentbehrlich für gesunde Knochen und gesunde Zähne sowie für die Erregbarkeit der Nerven

Eisen: ist wichtig für den Sauerstofftransport

Ballaststoffe: regen die Tätigkeit des Dickdarms an und verhindern Darmträgheit und Verstopfung

Die kurzen Erläuterungen zeigen auf, warum Sauerkraut einen wichtigen Bestandteil einer gesunden und ausgewogenen Ernährung darstellt.
Und nicht zu vergessen:
Wegen des niedrigen Kaloriengehaltes eignet sich Sauerkraut besonders gut für alle, die sich gesund und bewusst ernähren möchten.

Wichtige Hinweise zum Kauf von Sauerkraut

Für den Einkauf sollten Sie wissen, dass es frisches, rohes und pasteurisiertes Sauerkraut gibt.
- Frisches, rohes Sauerkraut wird ohne Hitzebehandlung in Folienbeuteln oder Kunststoffeimern angeboten. Es ist nur kurze Zeit haltbar (höchstens drei Wochen).
- Pasteurisiertes Sauerkraut wird durch Hitzebehandlung (Pasteurisation) in Gläsern, Dosen oder Alubeuteln angeboten. Durch dieses Verfahren können Dosen und Gläser vier Jahre, Alubeutel bis zu zwei Jahren aufbewahrt werden.

Für beide Angebotsvarianten gelten jedoch dieselben Qualitätsmerkmale:

Farbe/Aussehen: hell bis leicht gelbe Färbung, kaum grüne Blattanteile und keine Strunkstücke, gleichmäßig geschnittene Fasern
Geruch: anregender, leicht säuerlicher Geruch; kein Essig oder Fäulnisgeruch
Geschmack: angenehm, mild-säuerlich
Konsistenz: feste einzelne Streifen

Im Handel unterscheidet man zwischen Sauerkraut/Sauerkohl, auch Delikatess-Sauerkraut genannt, und Sauerkraut mit Weinzusatz bzw. Weinsauerkraut.
Die Herstellungsverfahren sind im Prinzip bei beiden Angebotsvarianten die gleichen. Jedoch erfolgt bei einem Weinsauerkraut der Zusatz von mindestens 1 l Wein auf 50 kg Sauerkraut während oder nach der Gärung. Dadurch erhält es eine zusätzliche reizvolle Geschmacksnuance.
Beide Sorten erfreuen sich gleichermaßen einer großen Beliebtheit sowohl bei Kennern und Liebhabern, als auch bei begeisterten „Neueinsteigern".
In diesem Kochbuch finden sich für jeden anregende und originelle Rezepte.

Infos zu den Rezepten

Portionsangaben
Die Portionsangaben in den Rezepten dieses Buches beziehen sich durchwegs auf 4 Personen. Ausnahmen sind im Rezeptkopf angegeben.

Zubereitungszeit
Die bei jedem Rezeptkopf angegebene Zubereitungszeit umfasst die Vorbereitungs- und Garzeit ein. Eventuell zu berücksichtigende Sonderzeiten, wie Zeit zum Ruhen, Zeit zum Quellen oder Zeit zum Marinieren etc., werden extra im Rezeptkopf ausgewiesen und müssen zur Zubereitungszeit hinzugerechnet werden. Alle Zeitangaben beruhen auf durchschnittlichen Erfahrungswerten. Abweichungen können aufgrund der Beschaffenheit von Zutaten, Kochgeschirr und Herd auftreten.

Kalorienangaben
Sie beziehen sich in der Regel auf 1 Portion. Ausnahmen sind im Rezeptkopf ausgewiesen.

Die Abkürzungen

EL	=	Esslöffel
TL	=	Teelöffel
geh.	=	gehäuft
gem.	=	gemischt
l	=	Liter
ml	=	Milliliter
cl	=	Centiliter
Msp.	=	Messerspitze
Bd.	=	Bund
P.	=	Päckchen
kcal	=	Kilokalorien
g	=	Gramm
kg	=	Kilogramm
TK-	=	Tiefkühlkost
ca.	=	circa
Min.	=	Minuten
Std.	=	Stunden

Apfel-Sauerkraut-Salat *schnell · frisch*

1. Das Sauerkraut in einem Sieb abtropfen lassen, grob zerschneiden und in eine Schüssel geben.

2. Die Äpfel waschen, abtrocknen, vierteln, entkernen und in Stifte schneiden. Sie dann sofort unter das Sauerkraut mischen.

3. Den gekochten Schinken in kurze Streifen schneiden und unter den Salat heben.

4. Die Petersilie waschen, putzen, mit einem Handtuch trockentupfen und klein hacken.

5. Für die Sauce die Crème fraîche mit der gehackten Petersilie und den Haselnüssen verrühren, mit Salz, Zucker und Pfeffer abschmecken.

6. Die Sauce unter die Salatzutaten mischen. Das Ganze 30 Minuten durchziehen lassen.

(auf dem Foto links)

Tipp
Servieren Sie diesen Salat mit frischem Bauernbrot.

ca. 15 Minuten
ca. 355 kcal

- 350 g Sauerkraut
- 2 große würzig-aromatische Äpfel (400 g)
- 200 g getrockneter Schinken
- 1/2 Bund Petersilie
- 200 g Crème fraîche
- 2 EL feingehackte Haselnüsse
- Salz
- Zucker
- frisch gemahlener weißer Pfeffer

Sauerkrautsalat mit Roquefort *schnell · würzig*

1. Den Roquefort in einer Schüssel mit einer Gabel zerdrücken und mit der Crème fraîche vermischen.

2. Die Zitrone auspressen. Den Kerbel und den Schnittlauch waschen, trockentupfen und klein hacken. Die Walnüsse ebenfalls klein hacken.

3. Den Zitronensaft, den Kerbel, die Schnittlauchröllchen und die gehackten Walnüsse zu der Roquefortmasse geben. Das Ganze mit Pfeffer nach Geschmack würzen.

4. Das Weinsauerkraut in einem Sieb gut abtropfen lassen, mit der Roquefort-Kräuter-Masse vermengen und gut durchziehen lassen.

Tipp
Servieren Sie diesen Salat mit frischem Holzofenbrot.

Variation
Sie können statt Roquefort auch einen anderen Blauschimmelkäse, z. B. Gorgonzola verwenden.

ca. 15 Minuten
ca. 230 kcal

- 100 g Roquefort
- 100 g Crème fraîche
- 1 Zitrone
- 1 Bund Kerbel
- 1 Bund Schnittlauch
- 8 Walnüsse
- frisch gemahlener Pfeffer
- 300 g Weinsauerkraut

aromatisch · fruchtig

FEINER SAUERKRAUTSALAT

ca. 30 Minuten

ca. 280 kcal

- 500 g Sauerkraut
- 1 rote Zwiebel
- 1 Kopf Radicchio
- 250 g Erdbeeren
- 1 gelbe Paprikaschote
- 200 g Crème fraîche
- 3–4 EL halbtrockener Sherry
- Salz
- frisch gemahlener Pfeffer
- 1–2 EL Honig
- etwas Zitronenmelisse

1. Das Sauerkraut in einem Sieb abtropfen lassen und zerpflücken.

2. Die Zwiebel schälen, halbieren und in dünne Streifen schneiden. Den Radicchio waschen, trockentupfen und in Streifen schneiden.

3. Die Erdbeeren ebenfalls waschen, das Grün herauszupfen und die Erdbeeren halbieren.

4. Die Paprikaschote halbieren, Kerne und Trennwände entfernen. Dann die Schote waschen und in feine Streifen schneiden.

5. Für die Sauce die Crème fraîche und den Sherry miteinander verrühren. Das Ganze mit Salz, Pfeffer und Honig abschmecken.

6. Die Sauce unter die Salatzutaten mischen oder als Haube darauf geben. Mit Zitronenmelisse garnieren.

Sauerkrauttörtchen *ausgefallen · gut für Gäste*

1. Die Blätterteigplatten auftauen lassen. Kleine Torteletttförmchen einfetten und mit dem Blätterteig auslegen.

2. Das Sauerkraut abtropfen lassen, zerpflücken und klein schneiden.

3. Die Zwiebel abziehen, würfeln und in heißer Butter glasig dünsten. Das Sauerkraut zufügen und kurz mit dünsten. Das Ganze mit Salz und Pfeffer würzen.

4. Das Krabbenfleisch, die Pistazien, die Kapern und den Zitronensaft unter das Sauerkraut mischen. Alles zugedeckt etwa 15 Minuten garen.

5. Den Backofen auf 225 °C vorheizen. Die Sauerkrautmischung in die Förmchen füllen. Eier, Sahne und Speisestärke verschlagen. Den Kerbel waschen, die Blätter abzupfen und unter die Eier-Sahne-Sauce mischen. Diese über das Kraut gießen.

6. Die Törtchen etwa 30 Minuten goldgelb backen. Vor dem Servieren nach Belieben mit Kerbel garnieren.

ca. 1 Stunde

Auftauen: ca. 2 Std.

ca. 660 kcal

- 300 g TK-Blätterteig
- 4 EL Butter
- 250 g Sauerkraut
- 1 Zwiebel
- Salz
- frisch gem. Pfeffer
- 150 g Krabbenfleisch
- 40 g gehackte Pistazien
- 1 EL Kapern
- 1 EL Zitronensaft
- 2 Eier
- 200 ml Sahne
- 1 TL Speisestärke
- 1 Bund Kerbel

vitaminreich · sättigend

Sauerkrautsalat mit Brokkoli

ca. 30 Minuten
ca. 180 kcal

- Salz
- 1 EL Obstessig
- 4 EL kalt gepreßtes Sonnenblumenöl
- 1 TL Meerrettich aus dem Glas
- frisch gemahlener weißer Pfeffer
- 1 Apfel
- 2 kleine Zwiebeln
- 1/2 Paprikaschote
- 200 g Brokkoli
- 400 g Sauerkraut
- 1 EL Pinienkerne
- 1/2 Bund Schnittlauch

1. Etwas Salz in eine Schüssel geben, mit dem Obstessig so lange verrühren, bis sich das Salz aufgelöst hat. Das Öl, den Meerrettich und den Pfeffer dazugeben.

2. Den Apfel waschen und in Streifen schneiden. Die Zwiebel schälen und in Scheiben schneiden. Die Paprikaschote putzen, waschen und in Streifen schneiden. Die Brokkoli putzen und ebenfalls sehr fein schneiden.

3. Zwiebeln, Paprika und Brokkoli mit der Sauce mischen. Das Sauerkraut mit den Apfelschnitzen mischen und locker unter den Salat heben.

4. Die Pinienkerne in einer Pfanne ohne Fettzugabe anrösten und den Salat damit bestreuen. Den Schnittlauch waschen und in feine Röllchen schneiden. Den Salat vor dem Servieren damit garnieren.

(auf dem Foto rechts)

Tipp
Sie können auch frischen Meerrettich verwenden, indem Sie etwas von der Wurzel abreiben.

einfach · für Parties geeignet

Knusperhörnchen

ca. 45 Minuten
Auftauen: ca. 2 Stunden
ca. 640 kcal

- 500 g TK- Blätterteig
- 250 g Sauerkraut
- 150 g Ananasstücke
- 50 g gemahlene Haselnüsse
- 3 EL Sahne
- 1 Ei

1. Den Blätterteig auftauen. Die Platten, falls noch erforderlich, in Quadrate schneiden. Jedes Quadrat diagonal zu 2 Dreiecken halbieren.

2. Für die Füllung das Sauerkraut abtropfen lassen und die Ananasstücke klein schneiden. Beides miteinander vermischen und die gemahlenen Haselnüsse ebenfalls untermischen.

3. Den Backofen auf 200 °C vorheizen. Mit einem Teelöffel etwas von der Sauerkrautmischung in die Mitte jedes Dreiecks setzen. Den Teig von der breiten Seite aufrollen, die Spitzen andrücken, zu einem Hörnchen formen und mit 5 cm Abstand auf einem Backblech verteilen.

4. Die Hörnchen mit etwas verquirltem Ei bestreichen und im Backofen auf der untersten Schiene etwa 20 bis 25 Minuten backen.

Variation
Für ein Partybüfett können Sie auch verschiedene Formen, z.B. Röllchen, Quadrate usw., herstellen.

ausgefallen · knusprig **FRITTIERTE SAUERKRAUTBÄLLCHEN**

ca. 30 Minuten
Ruhen: ca. 30 Minuten
ca. 440 kcal

- 300 g Sauerkraut
- 1/2 TL Backpulver
- 200 g Kichererbsenmehl
- 1 Zwiebel
- 1 EL Öl
- 1 mittelgroßer Boskoop-Apfel
- 1/4 TL Cayennepfeffer
- 1 TL Currypulver
- Fett zum Frittieren

1. Das Sauerkraut auspressen und sehr klein schneiden. Den Sauerkrautsaft mit dem Backpulver und dem Kichererbsenmehl gut verrühren und etwa 30 Minuten ruhen lassen.

2. Die Zwiebel schälen, fein hacken und in einer Pfanne in etwas Öl andünsten. Den Apfel schälen, vierteln, entkernen und klein hacken.

3. Die gedünstete Zwiebel mit dem Sauerkraut, den Apfelstückchen, mit dem Pfeffer und dem Currypulver gut vermengen und unter den Teig geben.

4. Aus der Teigmasse kleine, mundgerechte Bällchen formen und in einer Friteuse bei 175 °C etwa 2 1/2 Minuten ausbacken, bis sie rundum goldbraun sind. Auf Küchenkrepp abtropfen lassen, heiß servieren.

Tipp
Sie können statt Kichererbsenmehl auch Weizenmehl nehmen. Auf Zahnstochern aufgespießt lassen sich die Bällchen am besten verzehren.

Sauerkrautsalat mit Melone *fruchtig · sommerlich*

1. Die Melonen waschen, einen Deckel abschneiden und die Melonen entkernen. Das Fruchtfleisch mit einem Löffel herauslösen. Davon 300 g für die Marinade beiseite stellen und den Rest in mittelgroße Würfel schneiden.

2. Für die Marinade das Melonenfruchtfleisch mit einem Mixstab oder Mixer fein pürieren. Den Essig dazugeben, das Ganze mit dem Tabasco, dem Salz und dem Pfeffer abschmecken. Das Öl nach und nach unterquirlen.

3. Die Marinade in eine Porzellanschüssel geben. Die Petersilie waschen, putzen und trockentupfen. Sie grob hacken und dazugeben.

4. Das Sauerkraut leicht ausdrücken und grob hacken. Mit den Melonenwürfeln in die Marinade geben und alles mischen.

5. Den Salat in die ausgehöhlten Melonen geben. Die Kapuzinerkresseblüten vorsichtig waschen und den Salat damit garnieren.

ca. 35 Minuten

ca. 180 kcal

- **4 Charantaismelonen (á ca. 280 g)**
- **2 EL Himbeeressig**
- **1 Spritzer Tabasco**
- **Salz**
- **frisch gemahlener schwarzer Pfeffer**
- **4 EL Walnussöl**
- **50 g glatte Petersilie**
- **400 g mildes Sauerkraut**
- **1 Strauß Kapuzinerkresseblüten**

nussig · pikant

Sauerkraut-Endivien-Salat

ca. 15 Minuten

ca. 210 kcal

- 1 kleiner oder 1/2 Kopf Endiviensalat
- 300 g Sauerkraut
- 3 EL Obstessig
- 5 EL Sonnenblumenöl
- frisch gemahlener Pfeffer
- Salz
- 1 kleine Zwiebel
- ca. 300 g Tomaten
- 2 EL fein gehackte Walnüsse

1. Den Endiviensalat waschen, putzen und gut abtropfen lassen. Die Blätter in schmale Streifen schneiden.

2. Das Sauerkraut locker auseinanderzupfen und unter den Endiviensalat mischen.

3. Für die Sauce Essig und Öl miteinander verquirlen, kräftig mit Pfeffer und Salz abschmecken. Die Zwiebel schälen, in sehr feine Würfel schneiden und hinzufügen.

4. Den Sauerkrautsalat mit der Sauce anmachen und kurz durchziehen lassen.

5. Die Tomaten waschen, den Blütenansatz entfernen und das Fruchtfleisch in kleine Würfel schneiden. Locker unter den Salat mischen und mit den Walnüssen bestreut servieren.

Tipp

Servieren Sie den Salat mit italienischem Weißbrot und Schafskäse.

südländisch · originell

Teigtaschen nach Hirtenart

ca. 30 Minuten

Auftauen: ca. 2 Stunden

ca. 660 kcal

- 300 g TK-Blätterteig
- 250 g Lammhackfleisch
- 2 EL Öl
- 400 g Sauerkraut
- 250 g Aprikosen aus der Dose
- 125 g Edelpilzkäse
- 1 EL Kondensmilch
- Kerbel • Thymian
- 1 Bund Petersilie
- Pfeffer
- 1 EL Sherry
- 1 Eigelb

1. Den Blätterteig auftauen. Das Lammhackfleisch in einem Topf in Öl anbraten.

2. Das Sauerkraut und die Aprikosen abtropfen lassen. Die Aprikosen und den Edelpilzkässe in kleine Stücke schneiden. Alles mit der Kondensmilch zu dem Lammfleisch hinzufügen.

3. Die Petersilie waschen, putzen, fein hacken. Das Fleisch mit dem Kerbel, dem Thymian, der Petersilie, dem Pfeffer und dem Sherry würzen und abschmecken. Das Ganze etwa 10 Minuten zugedeckt dünsten.

4. Den Backofen auf 200 °C vorheizen. Die Blätterteigplatten, falls noch erforderlich, in Quadrate schneiden. Je 1 bis 2 Esslöffel Sauerkrautmasse auf den Blätterteig geben, dreieckige Taschen formen.

5. Den Teig gut andrücken, mit Eigelb bestreichen. Etwa 20 Minuten im Backofen backen. Heiß servieren.

Sauerkraut-Ananas-Toast *einfach · süß-sauer*

1. Den Backofen auf 200 bis 225 °C vorheizen. Die Ananasscheiben abtropfen lassen und in einer Pfanne in der Butter kurz anbraten. Mit Chilipulver bestreuen.

2. 4 Scheiben Toastbrot rösten und mit Zwiebelbutter bestreichen. Je eine geröstete Scheibe Ananas darauf legen.

3. Dann das Sauerkraut darauf verteilen. Die Crème fraîche darübergeben. Zum Schluß die Sauerkrauttoasts mit 4 Käsescheiben belegen. Sie im Backofen 12 bis 15 Minuten goldbraun überbacken.

(auf dem Foto oben)

Tipp
Dieses Gericht eignet sich sowohl als kleiner Snack zwischendurch als auch abends für Gäste. Es geht schnell und man kann die Toasts auch gut vorbereiten.

Variation
Um die Toasts noch etwas sättigender zu machen, können Sie auch noch je eine Schinkenscheibe zuunterst legen.

ca. 30 Minuten
ca. 330 kcal

- **4 Scheiben Ananas aus der Dose**
- **1 EL Butter**
- **etwas Chilipulver**
- **4 Scheiben Toastbrot**
- **2 EL Zwiebelbutter**
- **300 g Sauerkraut**
- **2 EL Crème fraîche**
- **4 Käsescheibletten**

Pikante Krautsuppe *herzhaft · würzig*

1. Die Zwiebel schälen und fein würfeln. Die Würstchen in dünne Scheiben schneiden. Beides zusammen in eine Pfanne geben und in der Butter anbraten. Das Ganze etwa 10 Minuten garen.

2. Das Sauerkraut in einem Sieb abtropfen lassen, zerpflücken und zu der Wurst-Zwiebel-Masse hinzufügen. Das Tomatenmark und die Fleischbrühe miteinander verrühren und dazugeben. Alles mit Paprikapulver, Rosmarin, Kümmel und Pfeffer abschmecken.

3. Die Suppe zugedeckt etwa 30 Minuten weitergaren. In der Zwischenzeit die Petersilie waschen, trockentupfen und fein hacken.

4. Die Krautsuppe nach Ende der Garzeit in 4 tiefe Teller geben. Sie mit je einem Esslöffel saurer Sahne garnieren und mit Petersilie bestreut servieren.

(auf dem Foto links)

Tipp
Geben Sie zusätzlich 80 ml Sekt oder Champagner in die Brühe.

ca. 55 Minuten

ca. 330 kcal

- 2 Zwiebeln
- 200 g Debreziner Würstchen
- 1 EL Butter
- 800 g Sauerkraut
- 2 EL Tomatenmark
- 1 l Fleischbrühe (Instant)
- 1 TL Paprikapulver, rosenscharf
- 1/2 TL gerebelter Rosmarin
- etwas gemahlener Kümmel
- frisch gemahlener Pfeffer
- 1 Bund Petersilie
- 4 EL saure Sahne

Schwäbische Sauerkrautsuppe *schnell · gelingt leicht*

1. Den frischen Spinat putzen, waschen, abtropfen lassen und etwas zerkleinern, oder den TK-Spinat in einem Topf auftauen lassen.

2. Das Sauerkraut in einem Sieb abtropfen lassen und klein schneiden. Die Petersilie waschen, putzen und trockentupfen.

3. Den Spinat, das Sauerkraut und die Petersilie in einem Mixer oder mit dem Mixstab pürieren.

4. Die Masse in einem Topf in die Fleischbrühe geben und 15 Minuten köcheln lassen. Die Sahne zufügen, mit Salz, Pfeffer und Zucker würzen.

5. Die Suppe auf 4 Teller verteilen und die Kräuter-Crème-fraîche darübergeben.

Tipp
Bieten Sie dazu einen Vollkorntoast mit Kräuterbutter an.

ca. 30 Minuten

ca. kcal

- 200 g frischer oder TK-Blattspinat
- 300 g Sauerkraut
- 1 Bund Petersilie
- 500 ml Fleischbrühe (Instant)
- 300 ml süße Sahne
- Salz
- frisch gemahlener Pfeffer
- 1 Prise Zucker
- 100 g Kräuter-Crème-fraîche

für Gäste geeignet · nordisch

Rahmsuppe mit geräuchertem Aal

ca. 1 1/4 Stunden
ca. 610 kcal

- 2 Schalotten
- 50 g Frühstücksspeck
- 1 EL Butter
- 2 Stangen Lauch (nur das Weiße)
- 2 Kartoffeln
- 300 g Sauerkraut
- 3/4 l Fleischbrühe (Instant)
- 1/2 l Sahne
- Salz
- frisch gemahlener Pfeffer
- Muskat
- 1 Bund Petersilie
- 100 g Räucheraal

1. Die Schalotten waschen und fein schneiden. Ebenso den Frühstücksspeck in feine Würfel schneiden. Beides in einem Topf in etwas Butter andünsten.

2. Den Lauch und die Kartoffeln waschen und klein würfeln, zu den Zwiebeln und dem Speck geben und leicht goldbraun werden lassen.

3. Das Sauerkraut, die Brühe und die Sahne zugeben, und alles etwa 30 bis 40 Minuten zugedeckt köcheln lassen.

4. Die Suppe im Mixer oder mit dem Mixstab pürieren und durch ein Sieb passieren. Mit Salz, Pfeffer und Muskat würzen und das Ganze noch einmal aufkochen lassen.

5. Die Petersilie waschen, putzen, trockentupfen und fein hacken. Den Aal in kleine Würfel schneiden, in Suppentassen verteilen. Die heiße Suppe darübergeben und mit der Petersilie bestreuen.

Sauerkrautsuppe mit Hackfleisch *herzhaft · sättigend*

1. Die Zwiebeln und den Knoblauch schälen und fein hacken. Ebenfalls den Frühstücksspeck in feine Würfel schneiden.

2. Alles in einen Topf geben und in Öl anbraten. Das Hackfleisch zerpflücken, ebenfalls in den Topf geben und etwa 10 Minuten unter ständigem Rühren krümelig dünsten.

3. Das Ganze mit der Fleischbrühe und der Sahne aufgießen, mit dem Tomatenmark, Paprika, Salz und Pfeffer würzen und 5 Minuten kochen lassen.

4. Die Suppe mit dem Mixer oder einem Mixstab pürieren. Das Sauerkraut klein schneiden und in die sämige Suppe geben. Mit Zucker, Weinbrand und Cayennepfeffer abschmecken.

5. Die Sahne steif schlagen, die Suppe auf vier Teller verteilen und mit einem Sahnehäubchen servieren. Mit Kerbel garnieren.

ca. 45 Minuten

ca. 480 kcal

- 250 g Zwiebeln
- 1 Knoblauchzehe
- 50 g Frühstücksspeck
- 1 EL Öl
- 250 g gemischtes Hackfleisch
- 1 l Fleischbrühe
- 1/8 l Sahne
- 2 EL Tomatenmark
- 1 EL Paprika edelsüß
- Salz • Pfeffer
- 250 g Sauerkraut
- 1 EL Zucker
- 4 cl Weinbrand
- Cayennepfeffer
- 60 ml Schlagsahne
- Kerbel zum Garnieren

Sauerkrautsuppe mit Käse-Croutons

aromatisch · zum Verwöhnen

ca. 30 Minuten

ca. 580 kcal

- 90 g Butter
- 2 EL Mehl
- 1/2 l Brühe (Instant)
- 120 g Sauerkraut
- 120 g Zwiebeln
- 1 Eigelb
- 80 ml Weißwein
- 100 g Crème fraîche
- Salz
- frisch gemahlener Pfeffer
- 2 EL Zitronensaft
- 4 Scheiben Toastbrot
- 200 g Emmentaler

1. 80 g Butter in einem Topf schmelzen und nach und nach das Mehl hineingeben. Dann allmählich, unter ständigem Rühren mit einem Schneebesen, die Brühe hinzufügen.

2. Das Sauerkraut in einem Sieb abtropfen lassen und in etwa 2 cm lange Streifen schneiden. Die Zwiebeln schälen, in kleine Würfel schneiden und in einer Pfanne mit etwas Butter anschwitzen.

3. Das Sauerkraut und die Zwiebeln in die Suppe geben. Etwa 6 Minuten köcheln lassen. Das Eigelb, den Wein und die Crème fraîche unterrühren. Mit Salz, Pfeffer und Zitronensaft würzen.

4. Die Toastbrotscheiben in Würfel schneiden und in einer Pfanne anrösten. Den Emmentaler darüber reiben und leicht anschmelzen lassen. Vor dem Servieren die Käse-Croutons über die Suppe verteilen.

Sauerkraut-Gemüse-Eintopf

deftig · sommerlich

ca. 1 Stunde

ca. 440 kcal

- 100 g geräucherter durchwachsener Speck
- 400 g Schweinefleisch
- 2 große Zwiebeln
- 1–3 Gewürzgurken
- 580 g Weinsauerkraut
- 2 Stangen Lauch
- 2 Möhren
- 1 l Brühe
- Salz
- frisch gemahlener Pfeffer
- Kümmel
- 2 Tomaten
- 1 Bund Petersilie

1. Den Speck und das Schweinefleisch in Würfel schneiden. Den Speck in einem Topf anbraten, das Schweinefleisch dazugeben und kurz scharf anbraten.

2. Die Zwiebeln schälen und fein würfeln, die Gurken ebenfalls in Würfel schneiden. Beides zu dem Fleisch geben und mit dünsten.

3. Den Lauch waschen und in Ringe schneiden. Die Möhren waschen, putzen und in Scheiben schneiden. Das Sauerkraut, den Lauch und die Möhren ebenfalls in den Topf geben und mit etwa 1 l Brühe auffüllen.

4. Den Eintopf mit Salz, Pfeffer und Kümmel würzen. Zugedeckt 15 Minuten leise kochen lassen.

5. Die Tomaten über Kreuz einritzen, kurz überbrühen, abschrecken und enthäuten. Sie würfeln und in den Eintopf geben.

6. Die Petersilie waschen, putzen, klein schneiden und über den fertigen Eintopf geben.

Sauerkrauteintopf mit Äpfeln *herzhaft · süß-sauer*

ca. 45 Minuten

ca. 80 kcal

- 1 Kartoffel
- 2 süßliche mürbe Äpfel
- 1/2 TL Gemüsebrühe (Instant)
- 2 Lorbeerblätter
- 5 Gewürznelken
- 2 Zwiebeln
- 150 g Sauerkraut
- 1 Frühlingszwiebel
- 1 EL Butter

1. Kartoffel und Äpfel schälen und würfeln. Einige Apfelwürfel beiseite legen. Die restlichen zusammen mit den Kartoffelwürfeln, 1/4 l Wasser, der Brühe, den Lorbeerblättern und 1 mit den Gewürznelken gespickte Zwiebel etwa 15 Minuten kochen lassen. Dabei umrühren.

2. Das Sauerkraut dazugeben und den Eintopf ungefähr 20 Minuten zugedeckt köcheln lassen.

3. Inzwischen die zweite Zwiebel schälen und würfeln. Die Frühlingszwiebel putzen, waschen und schräg in Ringe schneiden. Die Butter in einer Pfanne zerlassen, die Zwiebelringe darin hellbraun braten. Dann die Frühlingszwiebel dazugeben und kurz mitbraten.

4. Die Lorbeerblätter und die gespickte Zwiebel aus dem Eintopf herausnehmen und die beiseite gelegten Apfelwürfel hineingeben. Die gebratenen Zwiebelringe auf dem Eintopf verteilen.

(auf dem Foto oben)

herzhaft · rustikal

Sauerkrautsuppe mit Speck

ca. 70 Minuten
ca. 390 kcal

- 400 g Kartoffeln
- 100 g Zwiebeln
- 2 EL Butter
- 2 Lorbeerblätter
- 1 1/4 l Geflügelfond aus dem Glas
- 250 g Sauerkraut
- 125 g Crème fraîche
- 1 TL Salz
- frisch gemahlener weißer Pfeffer
- 1/4 TL Paprikapulver edelsüß
- 1/2 TL Senf
- 100 ml Sekt oder Champagner
- 200 g milder, magerer Schwarzwälder Speck
- 1 EL Butterschmalz
- 100 g saure Sahne

1. Die Kartoffeln und Zwiebeln schälen und in feine Scheiben schneiden.

2. Die Zwiebel- sowie die Kartoffelscheiben in etwas Butter andünsten. Die Lorbeerblätter und den Geflügelfond dazugeben und alles etwa 12 Minuten zugedeckt kochen lassen.

3. Das Sauerkraut fein hacken, in die Suppe geben und diese etwa 8 Minuten weiterköcheln lassen. Die Crème fraîche in die Suppe einrühren. Die Lorbeerblätter herausnehmen.

4. Die Suppe im Mixer oder mit dem Pürierstab pürieren und mit Salz, frisch gemahlenem Pfeffer, Paprikapulver und Senf abschmecken. Den Sekt in die Suppe geben, diese umrühren und zugedeckt warm halten.

5. Den Speck in feine Streifen schneiden und im Butterschmalz leicht anbräunen. Den Speck aus der Pfanne nehmen und in einem Sieb oder auf Küchenpapier abtropfen lassen.

6. Die Suppe in 4 tiefe Teller geben, die saure Sahne jeweils als Klecks darauf geben und alles mit den Speckstreifen bestreuen.

(auf dem Foto rechts)

einfach · preiswert

Sauerkrauteintopf mit Schinken

ca. 45 Minuten
ca. 360 kcal

- 3 Zwiebeln
- 50 g Butter
- 500 g Kartoffeln
- 400 g Schinken
- 800 g Sauerkraut
- 1/2 l Fleischbrühe

1. Die Zwiebeln schälen und würfeln, dann in zerlassener Butter in einer Pfanne glasig dünsten.

2. Die Kartoffeln schälen, würfeln und zu den Zwiebeln in die Pfanne geben. Den Schinken ebenfalls in Würfel schneiden. Das Sauerkraut abtropfen lassen und mit zwei Gabeln auseinanderzupfen. Den Schinken und das Sauerkraut in die Pfanne auf die Kartoffeln schichten.

3. Das Ganze mit der Brühe aufgießen und 30 Minuten garen.

Variation
Wenn Sie dem Eintopf eine süßsäuerlich Note geben möchten, können Sie noch einen Apfel , z. B. Boskoop, in schmale Scheiben geschnitten, dazugeben.

delikat · gelingt leicht

Russischer Borschtsch mit Hähnchen

ca. 30 Minuten
ca. 390 kcal

- **300 g Kartoffeln**
- **6 Frühlingszwiebeln**
- **1 EL Öl**
- **1/2 l Hühnerbrühe (Instant)**
- **2 Lorbeerblätter**
- **4 gebratene Hähnchenschenkel**
- **550 g Sauerkraut**
- **750 g Rote Beete aus dem Glas**
- **150 ml Rote-Beete-Flüssigkeit**
- **Salz**
- **frisch gemahlener Pfeffer**
- **4 EL saure Sahne**

1. Die Kartoffeln schälen und würfeln, die Frühlingszwiebeln in Ringe schneiden.

2. Beides zusammen in einem Topf in dem Öl andünsten, mit der Brühe auffüllen. 1 Lorbeerblatt zugeben und 5 Minuten garen.

3. Das Hähnchenfleisch vom Knochen ablösen und grob würfeln. Die Fleischstücke mit dem Sauerkraut, den Roten Beeten und der Rote-Beete-Flüssigkeit zu den Kartoffeln geben. Das Ganze 2 Minuten erhitzen.

4. Den Eintopf mit Salz und Pfeffer würzen. Auf 4 tiefe Teller verteilen und jeweils mit einem Löffel saurer Sahne verzieren.

Tipp
Sie erhalten in jedem Supermarkt bereits fertig gebratenes Hähnchenfleisch.
Der Borschtsch kommt ursprünglich aus der Ukraine, fand aber schnell in ganz Russland großen Anklang. Es gibt ihn in unzähligen Varianten, und man sagt, daß jeder russische Haushalt sein eigenes Borschtschrezept hat.

Sauerkrautsuppe mit Paprika *aromatisch · südländisch*

ca. 30 Minuten

ca. 170 kcal

- 200 g Kasseler ohne Knochen
- 2 Schalotten
- 2 Knoblauchzehen
- 1 Chilischote
- 1 grüne Paprikaschote
- 200 g Sauerkraut
- 1 Zweig Zitronenmelisse
- 1 EL Erdnußöl
- 1 l Kalbsfond
- 2 Lorbeerblätter
- Salz
- frisch gemahlener weißer Pfeffer
- 1 Prise Zucker

1. Das Fleisch in feine Streifen schneiden. Die Schalotten und die Knoblauchzehen schälen und fein hacken. Die Chilischote waschen, halbieren, entkernen und klein schneiden.

2. Die Paprikaschote waschen, putzen, halbieren, entkernen und in feine Würfel schneiden. Das Sauerkraut abtropfen lassen, ausdrücken und grob hacken. Die Zitronenmelisse waschen.

3. Nun das Öl in der Pfanne erhitzen und das Fleisch, die Schalotten, die Chilischote und den Knoblauch darin kurz anbraten. Das Ganze mit dem Kalbsfond ablöschen, die Lorbeerblätter dazugeben und alles bei geringer Hitze etwa 8 Minuten köcheln lassen.

4. Die Paprikawürfel und das Sauerkraut ebenfalls zu dem Fleisch hinzufügen und alles nochmals 2 Minuten kochen. Die Suppe mit Salz, Pfeffer und Zucker abschmecken. Die Blättchen von der Zitronenmelisse abzupfen und die Suppe damit garnieren.

Szegediner Gulasch *deftig · traditionell*

1. Das Schweinefleisch in etwa 2 cm große Würfel schneiden. Das Butterschmalz in einer Pfanne erhitzen, und das Fleisch hinzufügen und einige Minuten anbraten.

2. Währenddessen die Zwiebeln schälen und fein würfeln. Die Paprikaschoten waschen, putzen, die Kerne und die weißen Rippen entfernen und das Fruchtfleisch in Streifen schneiden. Die Knoblauchzehen schälen und fein hacken. Die Zwiebeln, die Paprika und den Knoblauch zu dem Fleisch geben.

3. Das Sauerkraut in einem Sieb abgießen, zerpflücken und ebenfalls zum Fleisch geben. Das Ganze mit dem Paprikapulver, dem Kümmel sowie mit Salz und Pfeffer würzen. Die Fleischbrühe angießen und das Gulasch etwa 45 Minuten garen und während der Garzeit einige Male umrühren.

4. Das Fleisch zusammen mit der Sauce auf 4 Tellern anrichten und mit je 1 Esslöffel saurer Sahne garnieren.

(auf dem Foto links)

ca. 1 1/4 Stunden

ca. 320 kcal

- 500 g mageres Schweinefleisch (z. B. aus der Keule)
- 1 EL Butterschmalz
- 2 Zwiebeln
- 1 rote Paprikaschote
- 1 grüne Paprikaschote
- 2 Knoblauchzehen
- 200 g Sauerkraut
- 2 EL Paprikapulver edelsüß
- 1 Prise Kümmelpulver
- Salz
- frisch gemahlener Pfeffer
- 1/2 l Fleischbrühe (Instant)
- 4 EL saure Sahne

Schinken-Sauerkraut-Rollen *für Gäste · gut vorzubereiten*

1. Das Sauerkraut gut abtropfen lassen und klein schneiden. Die Zwiebel schälen, hacken und im Butterschmalz glasig dünsten. Das Sauerkraut dazugeben und einige Minuten weiterdünsten.

2. Mit Salz, Pfeffer und Kümmel abschmecken. Die Schinkenscheiben mit Senf bestreichen, mit Sauerkraut belegen und aufrollen. Den Backofen auf 200 °C vorheizen.

3. Eine feuerfeste Form ausbuttern. Die Schinkenrollen hineinlegen, Käsescheiben darüber verteilen und das Bier angießen. Das Ganze 15 bis 20 Minuten backen. Vor dem Servieren mit Paprika bestreuen.

Variation

Am besten schmeckt es, wenn Sie dazu selbst gestampftes Kartoffelpüree servieren. Geben Sie dazu etwa 3 bis 5 gekochte Kartoffeln in Stücke geschnitten in 500 ml Milch und pürieren Sie sie mit dem Mixstab. Würzen Sie das Püree mit Salz, Pfeffer und Muskatnuss.

ca. 1 Stunde

ca. 320 kcal

- 400 g Sauerkraut
- 1 große Zwiebel
- 1 EL Butterschmalz
- Salz
- frisch gemahlener Pfeffer
- Kümmel
- 8 Scheiben gekochter Schinken à 100 g
- 2 EL mittelscharfer Senf
- Butter für die Form
- 12 Scheiben Butterkäse
- 100 ml Bier

gelingt leicht · schnell

Sauerkraut-Pfannkuchen

ca. 30 Minuten

ca. 780 kcal

Für die Pfannkuchen:
- 250 g Mehl
- 3/8 l Milch
- 4 Eier
- Salz

Für die Füllung:
- 100 g Speck
- 800 g Weinsauerkraut
- 4 dickere Scheiben gekochter Schinken
- 4 EL Butter
- frisch gemahlener Pfeffer

1. Für den Pfannkuchenteig das Mehl in eine Schüssel geben, die Milch unter Rühren hinzufügen und etwas quellen lassen. Dann die Eier hinzufügen, alles gut verrühren und mit dem Salz abschmecken.

2. Den Speck würfeln. Das Weinsauerkraut sowie den Speck kochen. Den Schinken in Streifen schneiden.

3. Die Butter in der Pfanne erhitzen. Eine Portion Pfannkuchenteig mit einer Kelle in die Pfanne geben.

4. Das Sauerkraut mit Speck und Schinkenstreifen auf den Teig geben und mit etwas Pfeffer würzen. Eine weitere Portion Pfannkuchenteig darübergeben. Die Hitze reduzieren und die Pfanne mit einem Deckel abdecken. Den Ofen auf 50 °C vorwärmen.

5. Nach 5 Minuten den Pfannkuchen wenden und etwa 1 Minuten auf der anderen Seite anbräunen. Den Vorgang für 3 weitere Pfannkuchen wiederholen. Die fertigen Pfannkuchen im Ofen warm stellen.

deftig · rustikal

Herzhafter Rippchentopf

ca. 1 Stunde

ca. 850 kcal

- 2 Zwiebeln
- 200 g Dörrfleisch
- 1 EL Butterschmalz
- 800 g Weinsauerkraut
- 4 EL Weißwein
- 1/4 l Gemüsebrühe (Instant)
- 1 TL Zucker
- 1 TL Paprikapulver edelsüß
- 1 Lorbeerblatt
- 1 Nelke
- 4 gekochte Rippchen
- frisch gemahlener schwarzer Pfeffer
- Salz

1. Die Zwiebeln schälen, fein würfeln und das Dörrfleisch ebenfalls in kleine Würfel schneiden. Beides in einem tiefen Topf in dem Butterschmalz anbraten.

2. Das Sauerkraut zusammen mit dem Weißwein und der Gemüsebrühe hinzufügen. Den Zucker und das Paprikapulver in die Flüssigkeit einrühren. Das Lorbeerblatt und die Nelke ebenfalls in den Sud geben.

3. Das Ganze zugedeckt bei mittlerer Hitze etwa 20 Minuten garen, dabei gelegentlich umrühren. Inzwischen mit einem scharfen Messer das Rippchenfleisch von den Knochen lösen.

4. Das Lorbeerblatt und die Nelke aus dem Sauerkraut entfernen. Das Fleisch auf das Kraut legen und mit etwas Sauerkraut bedecken. Alles noch einmal 10 Minuten garen.

5. Das Ganze anschließend mit Pfeffer und Salz abschmecken, auf 4 Teller verteilen und sofort servieren.

Sauerkraut-Spätzle-Auflauf *einfach · herzhaft*

1. Die Spätzle nach Packungsanweisung in reichlich Salzwasser bissfest kochen. Mit kaltem Wasser abschrecken und auf einem Sieb abtropfen lassen.

2. In der Zwischenzeit die Würstchen in Scheiben schneiden. Die Eier mit der Crème fraîche, der Milch und Salz und Pfeffer verquirlen.

3. Den Backofen auf 200 °C vorheizen. Eine runde Form (25 bis 28 cm Ø) einfetten. Das Sauerkraut, die Spätzle und die Würstchenscheiben abwechselnd in die Form schichten, mit Sauerkraut abschließen. Anschließend die verquirlte Eiermilch darübergießen.

4. Den Käse und etwas Paprika über den Auflauf streuen und das Ganze etwa 20 Minuten überbacken.

(auf dem Foto oben)

Tipp
Dieser Auflauf ist eine gute Resteverwertung. Sie können z. B. auch Kasseler-Fleisch oder andere Nudelsorten verwenden.

ca. 45 Minuten
ca. 680 kcal

- 200 g Spätzle
- Salz
- 2 Paar Wiener Würstchen (250 g)
- 4 Eier
- 150 g Crème fraîche
- 1/8 l Milch
- Salz
- frisch gemahlener Pfeffer
- 500 g Sauerkraut
- 50 g geriebener Gouda
- Paprika edelsüß

gut vorzubereiten · herzhaft

Sauerkraut-Kartoffel-Auflauf

ca. 1 Stunde
ca. 840 kcal

- 500 g Kartoffeln
- 1 Zwiebel
- 1 EL Öl
- 1/8 l Weißwein
- 50 g Zucker
- 5 Lorbeerblätter
- 2 EL Butter
- 500 g Zwiebeln
- 500 g gem. Hackfleisch
- Pfeffer • Salz
- Paprika edelsüß
- 600 g Sauerkraut
- 1 Stange Lauch
- 50 g Paprikastreifen aus dem Glas
- 8 EL Crème fraîche
- 100 g ger. Hartkäse

1. Die Kartoffeln schälen und weich kochen. Inzwischen die Zwiebel schälen, fein hacken und in einem Topf in 1 Esslöffel Öl glasig dünsten. Den Wein, den Zucker, die Lorbeerblätter und 1 Esslöffel Butter dazugeben und alles etwa 5 Minuten zugedeckt kochen lassen.

2. Die übrigen Zwiebeln schälen, würfeln und in Öl anbraten. Das Hackfleisch dazugeben, mit Pfeffer, Salz und Paprika würzen und etwa 10 Minuten anbraten. Dabei ständig umrühren.

3. Den Backofen auf 180 °C vorheizen. Das Sauerkraut abtropfen und in eine gut gebutterte feuerfeste Form geben, das Hackfleisch darauf verteilen, und das Ganze mit den in Scheiben geschnittenen Kartoffeln abdecken.

4. Den Lauch waschen, putzen, in feine Ringe schneiden und zusammen mit den Paprikastreifen über den Auflauf streuen. Die Crème fraîche und den Käse darüber verteilen. Im Backofen etwa 20 bis 25 Minuten goldbraun backen.

Sauerkraut mit Salami in Blätterteig *originell · delikat*

1. Die Blätterteigplatten auftauen. Die Zwiebel schälen, fein hacken und in einem Topf in Butterschmalz andünsten.

2. Die Salami klein würfeln, mit dem Sauerkraut zur Zwiebel geben und mit der Brühe aufgießen. Das Ganze mit $^1/_2$ Teelöffel Kümmel und dem Zucker würzen und etwa 30 Minuten zugedeckt garen. Danach wieder etwas erkalten lassen und in ein Sieb abgießen.

3. Den Backofen auf 200 °C vorheizen. Die Blätterteigplatten zu einer größeren Fläche ausrollen. Das erkaltete Sauerkraut auf $^2/_3$ des Teiges verteilen, das andere Teigdrittel darübergeben und gut andrücken.

4. Aus Teigresten Verzierungen auflegen. Den Blätterteig mit verquirltem Ei bestreichen und mit Kümmel bestreuen. Auf ein gefettetes Backblech legen und etwa 20 bis 30 Minuten backen.

ca. 1 $^1/_4$ Stunden
Auftauen: ca. 2 Stunden
ca. 480 kcal

- 300 g TK-Blätterteig
- 1 große Zwiebel
- etwas Butterschmalz
- 80 g Salami
- 400 g Sauerkraut
- $^1/_8$ l Fleischbrühe
- 1 TL Kümmel
- $^1/_2$ TL Zucker
- 1 Ei

gut vorzubereiten · aromatisch

Pikanter Sauerkraut-Auflauf

ca. 45 Minuten
ca. 320 kcal

- 800 g Kartoffeln
- Salz
- 500 g Sauerkraut
- 1 EL Öl
- 1 TL Kümmel
- 1/2 TL Fenchelsamen
- 1 Lorbeerblatt
- frisch gemahlener weißer Pfeffer
- 1 EL Butter
- 100 g Cervelatwurst in Scheiben
- 100 ml Milch
- 1 Eigelb
- 1 EL Sahne
- Muskatnuss

1. Die Kartoffeln schälen und in Salzwasser kochen, abgießen und abkühlen lassen. Sie anschließend in Scheiben schneiden. Das Sauerkraut in einem Sieb abtropfen lassen.

2. Das Öl in einem Topf erhitzen. Kümmel, Fenchelsamen und Lorbeerblatt darin dünsten. Das Sauerkraut dazugeben und 5 Minuten dünsten. Anschließend mit Pfeffer würzen.

3. Den Backofen auf 250 °C vorheizen. Eine Auflaufform mit Butter ausfetten. Abwechselnd Sauerkraut, Wurstscheiben und Kartoffelscheiben einschichten.

4. Die Milch mit dem Eigelb, der Sahne und Muskatnuss verrühren, über den Auflauf geben und das Ganze etwa 10 bis 15 Minuten backen.

Tipp
Servieren Sie zu diesem Auflauf einen trockenen Weißwein, z. B. einen Chardonnay.

(auf dem Foto rechts)

originell · gelingt leicht

Sauerkrautkuchen mit Kochschinken

ca. 70 Minuten
ca. 800 kcal

- 1 Packung Fertigpizzateig
- 1 EL Butter
- 800 g Sauerkraut
- 250 g Kochschinken in dicken Scheiben
- 6 Eier
- 375 g Crème fraîche
- 1 TL Kümmel
- Salz
- frisch gemahlener Pfeffer

1. Den Pizzateig nach der Packungsanleitung zubereiten und ausrollen. Eine Springform (26 cm Ø) ausfetten und mit dem Teig auslegen. Dabei auch den hohen Rand vollständig auskleiden.

2. Das Sauerkraut in einem Sieb gut ausdrücken und klein schneiden. Die Schinkenscheiben würfeln. Den Backofen auf 200 °C vorheizen.

3. Von den Eiern ein Eigelb zurücklassen. Die restlichen Eier mit Crème fraîche, Kümmel, Sauerkraut und Schinkenwürfeln verrühren. Das Ganze mit Salz und Pfeffer herzhaft abschmecken.

4. Die Sauerkrautmasse in der Springform verteilen, die Teigränder überklappen und mit verquirltem Eigelb bestreichen. Den Kuchen etwa 50 Minuten backen.

Tipp
Dieser Kuchen eignet sich auch gut für ein Picknick oder zum Mitbringen für eine Party. Servieren Sie dazu ein zünftiges Weißbier.

köstlich · etwas aufwendiger **SAUERKRAUT-WILD-PASTETE**

ca. 1 3/4 Stunden
ca. 690 kcal

- 200 g Mehl
- 100 g Zucker
- 100 g Butter
- 2 Eier
- 1 EL Essig
- 1/2 TL Salz
- 500 g Sauerkraut
- 1 Bund Petersilie
- 2 Schalotten
- 250 g Rehfleisch
- 3 Wacholderbeeren
- Salz
- frisch gem. Pfeffer
- 1 TL gem. Kümmel
- 4 EL saure Sahne
- 1 Eiweiß • 1 Eigelb
- 1 EL Milch

1. Aus Mehl, Zucker, Butter, Eiern, Essig und Salz einen Mürbeteig kneten und kalt stellen.

2. Für die Füllung das Sauerkraut gut ausdrücken und fein schneiden. Die Petersilie waschen, putzen und klein hacken. Die Schalotten abziehen und mit dem Fleisch und den Wacholderbeeren durch den Fleischwolf drehen. Eigelb, Salz, Pfeffer, Kümmel und saure Sahne zufügen. Die Petersilie untermischen und die Masse sehr pikant abschmecken.

3. Den Backofen auf 180 °C vorheizen. 2/3 des Teiges zu einem Rechteck ausrollen. Eine Kastenform (11 x 25 cm) mit dem Teig auslegen. Die Füllung in die Form geben, die Teigränder darüberschlagen, mit Eiweiß bestreichen.

4. Aus dem restlichen Teig eine Teigdecke ausrollen, auf die Füllung legen und fest andrücken. Vier kleine Löcher ausstechen. Die Pastete etwa 70 Minuten goldbraun backen. Nach 45 Minuten die Pastete mit in Milch verquirltem Eigelb bestreichen.

Sauerkrautauflauf mit Hackfleisch *pikant · rustikal*

ca. 1 1/2 Stunden

ca. 710 kcal

- 500 g Sauerkraut
- 1 große Zwiebel
- 5 EL Butter
- 400 g Hackfleisch (halb Rind-, halb Schweinefleisch)
- 1 kleine Dose Pizzatomaten (225 g Abtropfgewicht)
- etwas Salz
- 1 EL Paprika
- 4 Portionen Kartoffelbrei (Instant)
- 2 EL Semmelbrösel
- 50 g geriebener Emmentaler

1. Langfädiges Sauerkraut klein schneiden. Die Zwiebel schälen, fein würfeln und in einer Pfanne in 3 Esslöffel Butter andünsten. Das Hackfleisch zur Zwiebel geben und krümelig braten. Die Tomaten zusammen mit Salz und Paprika zum Hackfleisch geben. Das Ragout sämig köcheln und sehr pikant abschmecken.

2. Den Backofen auf etwa 200 °C vorheizen. Das Kartoffelpüree nach Packungsanweisung zubereiten. Eine Auflaufform ausfetten, lagenweise erst Sauerkraut, dann Hackfleisch einschichten, das Püree mit einem Spritzbeutel darauf spritzen.

3. Die Semmelbrösel zusammen mit dem geriebenen Emmentaler mischen und über den Auflauf streuen. Die restliche Butter als Flöckchen auf den Auflauf setzen und diesen etwa 45 Minuten backen.

Tipp
Sie erhalten bereits fertig geriebenen Emmentaler im Kühlfach jedes Supermarktes.

amerikanisch · knusprig

PIKANTER PUTER-PIE

ca. 1 1/4 Stunden
Ruhen: ca. 1 Stunde
ca. 990 kcal

- 320 g Mehl (Typ 405)
- 160 g Butter
- 1 TL Salz
- 1 Zwiebel
- 400 g Sauerkraut
- 1 Bund Petersilie
- 320 g geräucherte Truthahnbrust
- 150 g würziger Schmelzkäse
- 1/8 l Milch
- 1/8 l Sahne
- 4 Eier
- 1 Eigelb
- Salz
- frisch gem. Pfeffer
- 1 Knoblauchzehe

1. Aus Mehl, etwa 150 ml Wasser, 150 g Butter und Salz einen Teig herstellen und gut 1 Stunde ruhen lassen. Den Teig etwa 4 mm stark ausrollen und auf ein Backblech mit hohem Rand legen.

2. Die Zwiebel schälen, in Würfel schneiden und in 1 Esslöffel Butter anschwitzen. Das Sauerkraut fein schneiden, gut ausdrücken und locker auf der Teigfläche verteilen.

3. Die Petersilie waschen, putzen und fein hacken. Die geräucherte Truthahnbrust in Würfel schneiden, den Käse raspeln und alles mit den Zwiebelwürfeln über das Sauerkraut geben.

4. Den Backofen auf 200 °C vorheizen. Aus der Milch, der Sahne, den Eiern und dem Eigelb, Salz und Pfeffer eine Sauce herstellen. Die Knoblauchzehe schälen, klein hacken und ebenfalls dazugeben. Die Sauce gleichmäßig über die vorbereitete Quiche verteilen.

5. Im vorgeheizten Backofen etwa 45 Minuten backen. Heiß servieren.

fein · aromatisch

SCHOLLENFILET IN BLÄTTERTEIG

ca. 1 1/4 Stunden
Auftauen: ca. 2 Stunden
ca. 570 kcal

- 400 g TK-Schollenfilet
- Saft einer Zitrone
- Kerbel
- Worcestersauce
- Estragon
- 1 Zwiebel
- 4 EL Butterschmalz
- 240 g Sauerkraut
- 1 Lorbeerblatt
- 8 Pfefferkörner
- Wacholder
- Zucker
- 100 ml Weißwein
- 320 g TK-Blätterteig
- 1 Eigelb

1. Die Schollenfilets und den Blätterteig auftauen. Die Filets von beiden Seiten in Zitronensaft, Worcestersauce, Kerbel und Estragon marinieren.

2. Inzwischen die Zwiebel schälen, würfeln und in einem Topf im Butterschmalz andünsten. Das Sauerkraut fein schneiden und hinzufügen, mit dem Lorbeerblatt, den Pfefferkörnern, dem Wacholder und dem Zucker würzen und mit Weißwein auffüllen. Das Ganze 40 Minuten kochen, danach abgießen und auskühlen lassen.

3. Den Backofen auf etwa 200 °C vorheizen. Die Blätterteigplatten ausrollen. Je eine Hälfte mit dem ausgekühlten Sauerkraut belegen, darauf die marinierten Schollenfilets legen. Die zweite Teighälfte mit Eigelb bestreichen, überklappen und festdrücken.

4. Die Teigtaschen auch von außen mit Eigelb einpinseln und etwa 15 Minuten goldbraun backen.

KIELER FISCHAUFLAUF *deftig · norddeutsch*

ca. 1 Stunde

ca. 680 kcal

- 300 g Kartoffeln
- 3 Zwiebeln
- 3 Boskoop-Äpfel
- 400 g Sauerkraut
- 750 g Lengfisch oder Seelachs
- 2 EL Butter
- 1 Bund Schnittlauch
- 4 Eier
- 300 g Crème fraîche
- 4 cl Kümmelschnaps
- frisch gemahlener Pfeffer
- Muskat

1. Die Kartoffeln weich kochen. Die Zwiebeln schälen und in feine Scheiben schneiden. Ebenfalls die Äpfel schälen, vierteln, entkernen und in feine Streifen schneiden.

2. Die Zwiebeln andünsten. Das Sauerkraut abtropfen lassen und mit den Äpfeln vermengen. Den Fisch in Streifen schneiden. Die gekochten Kartoffeln pellen und in Scheiben schneiden.

3. Eine feuerfeste Form gut ausbuttern, schichtweise Kartoffeln, Sauerkraut, Zwiebeln und Fischstücke hineinlegen. Den Backofen auf 200 °C vorheizen.

4. Den Schnittlauch waschen, und in Röllchen schneiden. Eier, Crème fraîche und Kümmelschnaps verquirlen. Das Ganze mit Pfeffer und Muskat würzen und den Schnittlauch dazugeben.

5. Die Sauce über den Auflauf gießen und ihn etwa 20 Minuten backen.

(auf dem Foto oben)

herzhaft · delikat

SAUERKRAUT-FISCH-GRATIN

ca. 1 Stunde
ca. 770 kcal

- 600 g Rotbarsch- oder Goldbarschfilet
- Salz
- frisch gem. Pfeffer
- Zitronensaft
- 150 g Frühstücksspeck
- 250 g Zwiebel
- 2 EL Butter
- 600 g Sauerkraut
- 1 TL Kümmel
- 10 Wacholderbeeren
- 1 Lorbeerblatt
- 2 Eigelb
- 200 ml saure Sahne
- 100 g geriebener Emmentaler

1. Das Fischfilet in Streifen schneiden, mit Salz und Pfeffer bestreuen und mit dem Zitronensaft beträufeln. Den Speck in Würfel schneiden. Die Zwiebeln schälen und ebenfalls würfeln. Beides in der heißen Butter in einer Pfanne anbraten.

2. Das Sauerkraut fein schneiden und mit 1/4 l Wasser, dem Kümmel, den Wacholderbeeren und dem Lorbeerblatt ebenfalls in die Pfanne geben und etwa 20 Minuten zugedeckt bei kleiner Flamme dünsten.

3. Den Backofen auf 220 °C vorheizen. Eine feuerfeste Auflaufform mit Butter einfetten und das Sauerkraut hineingeben. Das Fischfilet darauf verteilen.

4. Die Eigelbe, die saure Sahne und den geriebenen Emmentaler verquirlen und über den Auflauf gießen.

5. Den Auflauf etwa 10 bis 15 Minuten auf der untersten Schiene goldgelb backen.

aromatisch · rustikal

AUFLAUF KARPATISCHE ART

ca. 1 1/4 Stunde
ca. 540 kcal

- 750 g Kartoffeln
- 1/8 l Milch
- 2 1/2 EL Butter
- Salz
- frisch gemahlener schwarzer Pfeffer
- 1 Prise Muskatnuss
- 1 Zwiebel
- 200 g Kochschinken
- 1 EL Speiseöl
- 1 TL Paprika edelsüß
- 1 1/2 TL Majoran
- 1/8 l trockener Weißwein
- 800 g Sauerkraut
- 200 g Kräuter- Crème-fraîche

1. Kartoffeln schälen, waschen, in Salzwasser 20 Minuten garen, abgießen und zerstampfen. Mit Milch und 2 Esslöffeln geschmolzener Butter verrühren. Mit Salz, Pfeffer und Muskat würzen.

2. Die Zwiebel schälen und in Ringe schneiden. Den Kochschinken würfeln.

3. Das Speiseöl erhitzen, die Zwiebelringe und den Kochschinken kurz darin dünsten, mit Paprika, Majoran und Pfeffer würzen und den Wein angießen.

4. Bei mittlerer Hitze etwa 10 Minuten schmoren lassen. Inzwischen eine Auflaufform einfetten und den Backofen auf 200 °C vorheizen.

5. Abwechselnd Kartoffelpüree, Kochschinken-Zwiebel-Gemisch und Sauerkraut in die Form schichten.

6. Die Kräuter-Crème-fraîche auf den Auflauf streichen. Zuletzt das Ganze mit Paprika bestreuen und etwa 40 Minuten überbacken.

(auf dem Foto rechts)

herbstlich · süß-sauer **GEFÜLLTE ÄPFEL**

ca. 1 1/4 Stunden
ca. 220 kcal

- 4 große Äpfel (Boskoop)
- Saft von 1/4 Zitrone
- 100 g Sauerkraut
- 1 rote Zwiebel
- etwas Gänseschmalz
- fein gemahlener Pfeffer
- etwas Salz
- 1 Msp. Piment
- 75 g Frühstücksspeck
- 2 TL Zucker
- 6 EL trockener Sekt

1. Von den Äpfeln je einen Deckel abschneiden. Die Früchte vorsichtig aushöhlen und mit Zitronensaft einreiben. Das herausgeschnittene Fruchtfleisch würfeln. Das Sauerkraut fein hacken.

2. Die Zwiebel schälen, fein hacken und im Gänseschmalz glasig dünsten. Das Sauerkraut und die Apfelstücke hinzufügen. Mit Pfeffer, Salz und Piment würzen.

3. Den Backofen auf 180 °C vorheizen. Die Sauerkrautmasse in die ausgehöhlten Äpfel füllen. Den Frühstücksspeck hauchdünn schneiden, und die Äpfel damit umwickeln. Dabei den Speck mit Zahnstochern befestigen.

4. Die verpackten Äpfel in eine ausgebutterte, feuerfeste Form geben. Den Zucker mit dem Sekt vermischen und etwas davon über die Äpfel gießen. Das Ganze mit Alufolie abdecken und etwa 40 Minuten schmoren. Dabei öfters die Äpfel mit dem restlichen Sekt übergießen.

Quiche mit Putenbrust

delikat · für Gäste geeignet

ca. 1 Stunde

Ruhen: ca. 1 Stunde

ca. 750 kcal

- 250 g Mehl
- 100 g Butter
- Salz
- 2 Kartoffeln
- 250 g geräucherte Putenbrust in Scheiben (Aufschnitt)
- 500 g Sauerkraut
- 1 mittelgroße Stange Lauch (nur das Weiße)
- 1/4 l Milch
- 1/4 l Sahne
- 4 Eier
- 1 Eigelb
- Salz • Pfeffer
- Kerbel zum Garnieren

1. Aus dem Mehl, der Butter, 3 Esslöffeln Wasser und etwas Salz einen Teig kneten und etwa 1 Stunde ruhen lassen. Die Kartoffeln in Salzwassser kochen.

2. Das Putenfleisch in feine Streifen schneiden. Eine Backform (etwa 28 cm Ø) mit Teig auslegen und dabei darauf achten, dass der Rand etwa 2 cm hoch ist.

3. Den Backofen auf 200 °C vorheizen. Das Sauerkraut abtropfen lassen, klein schneiden und zusammen mit dem Fleisch auf dem Teig verteilen.

4. Die Kartoffeln schälen, waschen und würfeln, wie auch den Lauch waschen und hauchdünn würfeln. Beides als letztes über die Quiche geben.

5. Milch, Sahne, Eier und Eigelb verquirlen, mit Salz und Pfeffer würzen und über die Sauerkrautfüllung geben.

6. Die Quiche etwa 30 bis 40 Minuten backen. Mit Kerbel garnieren.

deftig · rustikal

ALTDEUTSCHER KRAUTKUCHEN

ca. 1 1/4 Stunden
Auftauen: ca. 2 Stunden
ca. 560 kcal

- 1 Packung TK-Blätterteig (300 g)
- 580 g Weinsauerkraut
- 200 g geräucherter Speck
- 1 große Zwiebel
- 1 EL Öl
- 1 TL Kümmel
- 100 g Gouda
- 200 g saure Sahne
- 2 Eier

1. Die Blätterteigplatten auftauen und dann eine feuerfeste Form damit auslegen.

2. Das Sauerkraut in etwas Wasser dünsten. Den Speck in feine Würfel schneiden. Die Zwiebel schälen und ebenfalls fein würfeln.

3. Speck und Zwiebel in einer Pfanne mit dem Öl andünsten. Den Kümmel dazugeben und das Ganze auf den Teig in die Auflaufform geben. Das Sauerkraut darauf verteilen.

4. Den Backofen auf 175 °C vorheizen. Den Käse reiben. Die Sahne, die Eier und den geriebenen Käse vermischen. Die Sauce über die Sauerkrautmischung gießen. Das Ganze etwa 45 Minuten backen.

Tipp
Servieren Sie dazu einen grünen Salat und ein frisches, kühles Weizenbier.

asiatisch · mal was anderes

SAUERKRAUT A LA LIAN CHUNG

ca. 50 Minuten
Ruhen: ca. 30 Minuten
ca. 540 kcal

- 2 Knoblauchzehen
- 4 EL Mangochutney
- 4 EL Sesamöl
- 1 TL bunter grob geschroteter Pfeffer
- Salz
- 1 grüne Paprikaschote
- 300 g Schweinefilet
- 200 g Basmati & Thai Reis
- 2 EL Rosinen
- 2 EL Sonnenblumenöl
- 500 g Sauerkraut
- 1 Glas Saucen-Fix »Chinesisch Süß-Sauer« für die Fleischpfanne (350 g)

1. Die Knoblauchzehen schälen und zerdrücken, mit Mangochutney, Sesamöl, Pfeffer und Salz zur Marinade verrühren und pürieren.

2. Die Paprikaschote halbieren, putzen, waschen und in breite Streifen schneiden. Schweinefilets in lange Streifen schneiden und mit Paprikastückchen wellig auf Spieße stecken.

3. Die Spieße mit der Marinade bestreichen und 30 Minuten ruhen lassen.

4. Basmiati & Thai Reis mit den Rosinen nach Packungsanweisung garen. Die Fleischspieße in erhitzem Öl von beiden Seiten braten.

5. Das Sauerkraut mit dem Saucen-Fix erhitzen, nach Wunsch mit Salz und Pfeffer abschmecken.

6. Die Fleischspieße mit Sauerkraut à la Lian Chung und Basmati & Thai Reis servieren.

(siehe Umschlagfoto)

Tipp
Laden Sie zu einem Chinesischen Abend ein. Als Vorspeise können Sie Frühlingsrollen servieren und zum Nachtisch frisches Obst (z. B. Mandarinen).

Gefüllte Paprika *vitaminreich · aufwendig*

1. Paprikas halbieren, entkernen, den Strunk nicht entfernen, 10 Minuten in Salzwasser kochen und abtropfen. Das Sauerkraut in Öl anbraten, Wacholderbeeren, Lorbeerblatt und Wein dazugeben, 15 Minuten dünsten.

2. Die Kartoffel in das Sauerkraut reiben, Walnusskerne und die Sahne dazugeben. Das Ganze aufkochen. Zwiebeln und Knoblauch schälen und fein hacken. Die Hälfte davon im heißen Öl anbraten. Das Hackfleisch dazugeben, und krümelig braten.

3. Die Sauerkrautmasse unter das Hackfleisch mischen, mit Salz, Pfeffer und Paprika würzen und in die Paprikahälften füllen. Den Backofen auf 200 °C vorheizen.

4. Die Tomaten einritzen, mit heißem Wasser überbrühen. Sie häuten, klein schneiden und mit den restlichen Zwiebel- und Knoblauchwürfeln in Öl andünsten, mit Wein aufgießen und mit Salz, Pfeffer, Basilikum und Petersilie würzen. Die gefüllten Schoten in die Sauce setzen und im Ofen 20 Minuten garen.

ca. 1 1/2 Stunden

ca. 580 kcal

- 4 große Paprika
- Salz • 500 g Sauerkraut
- Olivenöl • 5 Wacholderbeeren • 1 Lorbeerblatt • 200 ml trockener Weißwein
- 1 gekochte Kartoffel
- geh. Kerne von 8 Walnüssen
- 200 ml Sahne
- 2 Zwiebeln
- 2 Knoblauchzehen
- 400 g gem. Hackfleisch
- Pfeffer • Paprika edelsüß • 4 Tomaten
- 4 EL Basilikumblätter
- fein geh. Petersilie

einfach · traditionell

Schupfnudeln mit Sauerkraut

ca. 40 Minuten

ca. 350 kcal

- 50 g durchwachsener Speck
- 3–4 EL Keimöl
- 1 Zwiebel
- 3 Nelken
- 500 g Sauerkraut
- 1 EL Wacholderbeeren
- 1 Prise Kümmel
- 1/2 TL Majoran
- 1/8 l Weißwein
- 1–2 EL klare Fleischbrühe
- 1 Beutel Schupfnudeln

1. Den Speck in Würfel schneiden und in einem Topf in 1 Esslöffel heißem Keimöl anbraten.

2. Die Zwiebel schälen, mit Nelken spicken und mit Sauerkraut und Wacholderbeeren, Kümmel und Majoran zum Speck geben. 1/8 l Wasser und den Wein dazugießen, aufkochen und klare Fleischbrühe einstreuen. Das Sauerkraut bei schwacher Hitze 30 Minuten garen.

3. Inzwischen 2 Esslöffel Keimöl am besten in einer beschichteten Pfanne erhitzen und die Schupfnudeln bei mittlerer Hitze von allen Seiten goldbraun braten.

4. Zum Schluß das Sauerkraut zu den Schupfnudeln geben, untermischen und kurz mitbraten.

(auf dem Foto rechts)

Tipp
Schupfnudeln finden Sie im Kühlregal im Supermarkt. Außerdem gibt es den Teig als Trockenmischung, den Sie lediglich kurz in kaltem Wasser quellen lassen. Dann formen Sie die Schupfnudeln.

erlesen · für Gäste geeignet

Sauerkraut mit Hummerkrabben

ca. 1 Stunde

ca. 320 kcal

- 1 Schalotte
- etwas Butter
- 500 g Sauerkraut
- 200 ml trockener Sekt
- 8 tiefgekühlte Hummerkrabben
- 100 g Crème fraîche
- 100 ml Sahne
- 1 Bund Kerbel

1. Die Schalotte schälen, in Würfel schneiden und in der Butter anschwitzen.

2. Das Sauerkraut abtropfen und dazugeben. Die Flüssigkeit aufbewahren. Den Sekt angießen und etwa 10 Minuten zugedeckt bei kleiner Flamme dünsten.

3. In der Zwischenzeit die Hummerkrabben in kochendes Wasser geben und etwa 30 Minuten garziehen lassen.

4. Für die Sauce die Crème fraîche und die Sahne in einen Topf geben, verrühren und sämig einkochen. Den Kerbel waschen, putzen, klein hacken und dazugeben. Das Ganze mit dem Mixstab aufschlagen.

5. Die Sauce als Spiegel auf 4 Teller verteilen. Das Sauerkraut darauf anrichten und mit den Hummerkrabben umlegen.

Tipp
Servieren Sie dazu einen gekühlten Sekt oder Prosecco.

ca. 1 1/4 Stunden

ca. 330 kcal

- 800 g Sauerkraut
- 2 Lorbeerblätter
- 4 Wacholderbeeren
- 1/4 l Gemüsebrühe
- 400 g Kartoffeln
- 4 Zwiebeln
- 2 kleine Äpfel
- 1 EL Butter
- 1 TL Salz
- frisch gemahlener schwarzer Pfeffer
- 1 TL Paprikapulver edelsüß
- 300 g saure Sahne
- 4 dünne Scheiben Edamer-Käse

1. Das Sauerkraut, die Lorbeerblätter und die Wacholderbeeren in der Gemüsebrühe etwa 10 Minuten kochen.

2. Die Kartoffeln schälen, waschen, halbieren und in dünne Scheiben schneiden. Diese in 1 l Salzwasser etwa 15 Minuten kochen, bis sie gerade gar sind.

3. Die Zwiebeln schälen und in feine Ringe schneiden. Die Äpfel waschen, schälen und vierteln. Das Kerngehäuse entfernen und das Fruchtfleisch in sehr dünne Spalten schneiden.

4. Die Butter in einer Pfanne erhitzen und die Zwiebeln darin glasig dünsten. Kurz bevor die Zwiebeln glasig sind, die Apfelspalten dazu geben, mitdünsten und dann alles beiseite stellen.

5. Den Backofen auf 200 °C vorheizen. Die Zwiebelmasse mit je etwas Salz, Pfeffer und Paprika würzen.

6. Die Lorbeerblätter und die Wacholderbeeren aus der Sauerkrautmasse herausnehmen. Das Kraut in eine feuerfeste Form geben.

7. Die Zwiebelmasse auf das Sauerkraut geben und die gegarten Kartoffelscheiben auf der Zwiebelmasse verteilen.

8. Die saure Sahne mit einem Schneebesen glattrühren, mit dem restlichen Salz, der Prise Pfeffer sowie mit dem restlichen Paprikapulver würzen, und das Ganze auf dem Auflauf glatt streichen.

9. Zum Schluss die Edamer-Käse-Scheiben auf den Auflauf legen und ihn im Backofen auf der mittleren Schiene in 10 bis 15 Minuten überbacken.

(auf dem Foto links)

Tipp

Servieren Sie dazu einen frischen Blattsalat mit Jogurtdressing und einigen würzigen Croûtons.

würzig · herzhaft

Kartoffel-Sauerkraut-Gratin

ca. 1 1/4 Stunden

ca. 400 kcal

- 400 g festkochende Kartoffeln
- 500 g Sauerkraut
- 1 Zwiebel
- 1 Stange Lauch
- 2 EL Butter
- 1–2 TL Kümmel
- Salz • Pfeffer
- 1/8 l trockener Weißwein
- 1/2 Bund glatte Petersilie
- 4 Eier
- 2 EL Crème fraîche
- 3 TL Speisestärke
- 100 g Gouda

1. Die Kartoffeln waschen, mit Schale etwa 20 Minuten kochen, abgießen, pellen und abkühlen lassen. Das Sauerkraut abtropfen lassen und grob hacken. Die Zwiebel schälen und fein würfeln. Den Lauch waschen, in Ringe schneiden.

2. Die Zwiebelwürfel in Butter glasig dünsten. Den Lauch zugeben, kurz mitdünsten. Das Sauerkraut und den Kümmel zufügen, mit Salz und Pfeffer würzen und mit Wein ablöschen. Etwa 10 Minuten einkochen lassen.

3. Die Petersilie waschen, Blättchen abzupfen und fein hacken. Eier, Crème fraîche, Speisestärke, Salz, Pfeffer und Petersilie verquirlen. Den Ofen auf 200 °C vorheizen.

4. Die Kartoffeln in Scheiben schneiden und dachziegelartig auf dem Boden einer gefetteten Backform verteilen, dabei etwas würzen. Die Sauerkrautmasse daraufgeben und die verquirlten Eier darübergießen. Den Käse fein raspeln und über dem Gratin verteilen. Etwa 30 Minuten überbacken.

aromatisch · leicht

Kartoffel-Sauerkraut-Roulade

ca. 1 Stunde

Ruhen: ca. 30 Minuten

ca. 470 kcal

- 600 g Kartoffeln
- Salz
- Muskat
- 1 Ei
- 1 Eigelb
- 130 g Mehl
- 1 Zwiebel
- 100 g Butter
- 50 ml Weißwein
- 400 g Sauerkraut
- Lorbeerblatt
- frisch gemahlener Pfeffer
- Nelken
- Wacholderbeeren
- Knoblauch
- 320 g Tomaten

1. Die Kartoffeln schälen und etwa 20 Minuten kochen. Mit dem Mixer pürieren und mit Salz, Muskat, dem Ei und Eigelb verrühren.

2. Die Masse auf einem mit Mehl bestäubten Tuch ausrollen. Die Zwiebel würfeln, in etwas Butter andünsten und mit Weißwein ablöschen. Das Sauerkraut dazugeben und alles mit dem Lorbeerblatt, Pfeffer, Nelken, Wacholderbeeren und Knoblauch würzen. Die Masse etwa 15 Minuten dünsten, dann abgießen und auskühlen lassen. Danach auf die ausgekühlte Kartoffelmasse verteilen. Das Ganze zu einer Roulade aufrollen und im Kühlschrank für etwa 30 Minuten kaltstellen.

3. Rolle in 2 cm dicke Scheiben schneiden, in Mehl wenden und in Butter von beiden Seiten goldgelb braten.

Tipp

Servieren Sie die Kartoffel-Sauerkraut-Roulade mit Grilltomaten.

Sauerkrautauflauf mit Lauch *deftig · etwas aufwendig*

1. Die Kartoffeln waschen und in kochendem Salzwasser etwa 20 Minuten garen.

2. Die Zwiebel schälen und fein würfeln. Die Paprika putzen, waschen und in Stücke schneiden. Den Lauch putzen, waschen und in Ringe schneiden. Die Kartoffeln abgießen, kalt abschrecken, schälen und in Scheiben schneiden.

3. Öl in einer Pfanne erhitzen, Zwiebeln darin glasig dünsten, Sauerkraut und 100 ml Wasser hinzufügen, mit Salz, Pfeffer, Zucker, Essig und Kümmel würzen. Lauch, Paprika, Kartoffeln zufügen und 10 Minuten schmoren. Den Ofen auf 200 °C vorheizen.

4. Die saure Sahne und die Eier verrühren und mit Salz und Pfeffer würzen. Das Sauerkraut in eine Auflaufform füllen, mit dem Sahne-Eierguß begießen und mit dem Käse bestreuen

5. Den Auflauf etwa 30 Minuten backen. Die Petersilie waschen, klein hacken und über den Auflauf streuen.

ca. 1 Stunde

ca. 370 kcal

- 250 g Kartoffeln
- Salz
- 1 kleine Zwiebel
- 1 rote Paprikaschote
- 1 Stange Lauch
- 1 EL Öl
- 800 g Sauerkraut
- frisch gem. Pfeffer
- 1 EL Zucker
- 2 EL Weißwein-Essig
- 1 TL Kümmel
- 250 g saure Sahne
- 2 Eier
- 50 g ger. mittelalter Gouda-Käse
- Petersilie zum Garnieren

auch für Vegetarier · sättigend

Deftiger Sauerkrautauflauf

ca. 1 1/4 Stunden

ca. 810 kcal

- 8 Sojawürstchen
- 3 EL Olivenöl
- 2 Gemüsezwiebeln
- 1 Möhre
- 2 Äpfel
- 500 g Sauerkraut
- 400 g geschälte Kartoffeln
- 4 Tomaten
- Salz • Pfeffer
- 1 Bund Petersilie
- 1 Bund Schnittlauch
- 200 ml Gemüsebrühe
- 400 g saure Sahne
- 2–3 Eier
- 1 Kästchen Kresse

1. Die in Scheiben geschnittenen Sojawürstchen in etwas Öl anbraten. Die Zwiebeln schälen und wie die Möhren in Scheiben schneiden, zu den Würstchen geben und einige Minuten mit braten.

2. Die Äpfel schälen, entkernen, in kleine Würfel schneiden und mit dem Sauerkraut zu den Zwiebeln geben. Die Kartoffeln in Würfel schneiden und die Tomaten enthäuten, entkernen und ebenfalls würfeln. Alle Zutaten vorsichtig miteinander vermischen, mit Salz und Pfeffer würzen.

3. Den Backofen auf 200 °C vorheizen. Die Petersilie und den Schnittlauch putzen, waschen, klein schneiden und unter die Sauerkrautmasse mischen.

4. Die Sauerkrautmasse in eine Auflaufform füllen. Die Gemüsebrühe und die saure Sahne mit den Eiern verrühren. Die Kresse putzen, waschen und in die Sauce rühren. Sie salzen, pfeffern und über den Auflauf geben. Die Auflaufform mit Alufolie abdecken, den Auflauf 40 bis 45 Minuten im Ofen backen.

SAUERKRAUTTASCHEN *ungewöhnlich · nussig*

ca. 1 3/4 Stunden
Ruhen: ca. 30 Minuten
ca. 540 kcal

- 500 g Kartoffeln
- 6 EL Butter
- Salz
- 1 Ei • 60 g Speisestärke
- 150 g Mehl
- 2 Zwiebeln
- 700 g Sauerkraut
- 4 EL Crème double
- 1 TL Rosenpaprika
- 20 Maronen aus der Dose • 200 g blaue Weintrauben
- 200 g grüne Weintrauben • 1 Eigelb
- 24 Pekanusskerne

1. Die Kartoffeln kochen, pellen und zerstampfen. Die Masse mit 2 Esslöffeln Butter, Salz, dem Ei und der Speisestärke glattrühren. Mehl dazugeben, bis der Teig fest und gut formbar wird, 1/2 Stunde ruhen lassen.

2. Die Zwiebeln fein schneiden und in heißer Butter glasig dünsten. Das Sauerkraut und die Crème double hinzufügen und bei mittlerer Hitze 10 Minuten dünsten.

3. Das Kraut mit Salz und Paprika abschmecken. Die Maronen vierteln, die Weintrauben halbieren. Beides mit dem Kraut mischen. Teig zwischen leicht bemehlter Frischhaltefolie dünn ausrollen. 8 Kreise mit etwa 16 cm Ø ausstechen, mit 1/8 der Krautmischung füllen und zu Taschen formen.

4. Salzwasser zum Kochen bringen, Taschen im Dämpfkorb im geschlossenen Topf nacheinander 10 bis 15 Minuten garen. Eigelb verrühren und die Teigtaschen bestreichen, mit 3 Nusskernen garnieren.

für Gäste · etwas aufwendig

Blätterteigtaschen mit Sauerkraut

Auftauzeit: ca. 2 Std.
ca. 1 Stunde
ca. 730 kcal

- 4 Platten (à 60 g) TK-Blätterteig
- 300 g Möhren
- 1 Stange Lauch
- 3 EL Öl
- 400 g Sauerkraut
- 200 ml Gemüsebrühe (Instant)
- Salz
- frisch gemahlener schwarzer Pfeffer
- Kümmel
- 1 Ei
- 3 EL Milch
- 300 g Vollmilch-Jogurt
- 150 g saure Sahne
- 50 g TK-Kräuter
- Mehl zum Ausrollen

1. Den Blätterteig auftauen lassen. Die Möhren putzen, schälen und raspeln. Den Lauch putzen, waschen und in Ringe schneiden.

2. Das Öl in einem Topf erhitzen. Sauerkraut, Möhren und Lauch kurz darin andünsten. Die Brühe zugießen. Alles mit Salz, Pfeffer und Kümmel würzen und zugedeckt etwa 10 Minuten dünsten.

3. Den Blätterteig auf einer bemehlten Arbeitsfläche zu einer 52 x 32 cm großen Platte ausrollen. 16 Rechtecke (13 x 8 cm) ausschneiden.

4. 8 Rechtecke mit Sauerkrautfüllung belegen. Dabei rundherum einen Rand lassen.

5. Das Ei trennen. Die Teigränder mit Eiweiß einstreichen. Mit der zweiten Platte bedecken und die Ränder andrücken.

6. Den Backofen auf 200 °C vorheizen. Die Sauerkrauttaschen etwa 10 Minuten ins Gefrierfach oder in den Kühlschrank legen. Eigelb und Milch verquirlen. Die Blätterteigtaschen damit einstreichen. Den Kümmel darüber streuen.

7. Die Sauerkrauttaschen im Ofen etwa 15 Minuten backen. Den Jogurt, die saure Sahne und die Kräuter glattrühren. Die Sauce mit Salz und Pfeffer würzen und zum heißen Bätterteiggebäck reichen.

schnell · einfach

Gefüllte Kartoffeln

ca. 1 Stunde
ca. 260 kcal

- 8 mittelgroße ovale Kartoffeln
- 200 g Sauerkraut
- 100 g Räucherlachs
- 1 Bund Dill
- Salz
- frisch gem. Pfeffer
- 100 g geriebener Käse (z. B. Emmentaler)

1. Die Kartoffeln schälen und in Salzwasser in etwa 20 Minuten gar kochen. Etwas auskühlen lassen, längs aufschneiden und aushöhlen.

2. Das Sauerkraut abtropfen lassen und klein schneiden, den Lachs fein würfeln. Beides mit der Kartoffelmasse vermischen.

3. Den Dill waschen, trockentupfen, klein hacken und mit der Füllung vermischen. Das Ganze mit Salz und Pfeffer abschmecken. Den Ofen auf etwa 180 °C vorheizen.

4. Die Mischung in die Kartoffelhälften füllen und mit dem Käse bestreuen. Etwa 30 Minuten backen.

leicht · schnell

Sauerkraut auf Zucchini

ca. 1 1/4 Stunden

ca. 120 kcal

- 4 große Zucchini
- 1 TL Öl
- Salz
- frisch gemahlener Pfeffer
- 600 g Sauerkraut
- 1/2 Bund Petersilie
- 8 Tomaten
- 1/8 l Brühe
- 300 g Magermilchjogurt

1. Die Zucchini waschen, längs halbieren und aushöhlen. Das Fruchtfleisch klein schneiden und im heißen Öl in einer Pfanne anbraten. Mit Salz und Pfeffer würzen.

2. Das Sauerkraut abtropfen lassen und klein schneiden. Die Petersilie waschen, putzen und fein schneiden.

3. Die Tomaten über Kreuz einritzen, etwa 15 Sekunden überbrühen, abschrecken und enthäuten. Das Fleisch würfeln und mit der Petersilie zu dem Fruchtfleisch der Zucchini geben und kurz mitdünsten.

4. Den Ofen auf 180 °C vorheizen. Die Zucchini mit der Zucchini-Sauerkraut-Tomaten-Mischung füllen. Sie in eine große Form geben, heiße Brühe angießen und etwa 15 Minuten garen.

5. Für die Sauce den Jogurt und die restliche Petersilie verrühren, mit Salz und Pfeffer abschmecken. Die Zucchini aus der Brühe nehmen und mit der Sauce servieren.

nach Trentiner Art · schnell

Sauerkraut-Lasagne

ca. 1 1/4 Stunden

ca. 840 kcal

- 3 Zwiebeln
- 6 EL Butter
- 80 g Butterschmalz
- 350 g Äpfel
- 120 g Rettichsprossen
- 2 EL Weizenschrot
- 1/8 l Weißwein
- 400 g Sauerkraut
- 1 Ei
- Salz • Pfeffer
- 1 Lorbeerblatt
- 4 EL Weizenmehl
- 80 ml Milch
- Muskat
- 160 g Tofu
- Fertig-Lasagneplatten
- 80 g Mozzarella

1. Für die Füllung 2 Zwiebeln schälen, in feine Würfel schneiden und in 1 Esslöffel Butter goldgelb dünsten. Die Äpfel schälen, in Scheiben schneiden und mit den Rettichsprossen zu den Zwiebeln geben.

2. Das Weizenschrot und den Wein unter die Masse rühren. Das Sauerkraut zufügen und das Ei untermengen. Das Ganze mit Salz, Pfeffer und dem Lorbeerblatt würzen.

3. Für die Sauce die restliche Zwiebel fein hacken. 4 Esslöffel Butter erwärmen und die Zwiebel darin etwas dünsten. Das Mehl unter Rühren hinzufügen und die Milch angießen. Die Sauce andicken lassen und mit Salz, Pfeffer und Muskatnuss würzen. Den Ofen auf etwa 180 °C vorheizen.

4. Den Tofu würfeln. Eine Auflaufform gut einfetten. Schichtweise Lasagneplatten, Füllung, Tofuwürfel und Sauce hineingeben. Mit Lasagne und gewürfeltem Mozzarella abschließen. Den Auflauf etwa 30 Minuten garen.

Sauerkraut-Soufflé

ausgefallen · fein-aromatisch

1. Das Sauerkraut zerpflücken und klein schneiden. Das Butterschmalz erhitzen und das Sauerkraut darin andünsten. Mit Salz und Pfeffer würzen und mit Weißwein ablöschen. Etwa 15 Minuten kochen, bis die Flüssigkeit fast vollständig verdampft ist. Das Sauerkraut in eine gefettete Auflaufform geben.

2. Für die Soufflé-Masse die Butter schmelzen und das Mehl kurz darin anschwitzen. Mit Milch ablöschen und alles aufkochen lassen. Die Eier trennen und die Eigelb unterschlagen. Den Käse reiben und unterziehen. Die Masse mit Salz, Pfeffer und Muskat pikant abschmecken.

3. Den Ofen auf 180 °C vorheizen. Das Sauerkraut zerpflücke, klein schneiden und in eine gefettete Souffléform füllen. Die Eiweiße steif schlagen, unter die Ei-Käse-Masse ziehen. Das Ganze über das Sauerkraut geben und etwa 45 Minuten goldgelb backen.

(auf dem Foto oben)

ca. 1 1/4 Stunden

ca. 560 kcal

- 250 g Sauerkraut
- 2 EL Butterschmalz
- Salz
- frisch gemahlener Pfeffer
- 1/8 l Weißwein
- 100 g Butter
- 2 EL Mehl
- 1/2 l Milch
- 3 Eier
- Muskat
- 100 g Emmentaler-Käse
- geriebene Muskatnuss

PIKANTER VOLLWERT-STRUDEL

ca. 1 Stunde
Ruhen: ca. 30 Minuten
ca. 650 kcal

- 350 g Weizenvollkornmehl
- 1/2 TL Salz
- 8 EL Walnussöl
- 800 g Sauerkraut
- 2 Stangen Lauch
- 2 EL Kümmel
- frisch gemahlener weißer Pfeffer
- 1 Bund Schnittlauch
- 100 ml Schlagsahne
- 100 ml Milch
- 150 g Gorgonzola-Käse
- eingelegte Maiskölbchen und milde Peperoni zum Garnieren

1. Das Mehl mit dem Salz in eine Schüssel geben. Das Nussöl und 150 ml lauwarmes Wasser zugeben. Alles mit dem Knethaken des Handrührgerätes etwa 5 Minuten zu einem glatten Teig verkneten.

2. Den Teig 30 Minuten unter einem Tuch ruhen lassen. In der Zwischenzeit das Sauerkraut in einem Sieb abtropfen lassen. Den Lauch putzen, waschen und in feine Ringe schneiden.

3. Das Sauerkraut mit dem Lauch und dem Kümmel mischen. Das Ganze mit Salz und Pfeffer würzen. Den Backofen auf 200 °C vorheizen.

4. Den Teig auf einer bemehlten Arbeitsfläche dünn zu einem Rechteck (etwa 30 x 40 cm) ausrollen. Das Sauerkraut gleichmäßig auf dem Teig verteilen. Dabei rundherum am Rand einen 2 cm breiten Teigstreifen frei lassen. Den Teig von der Längsseite zu einer festen Rolle aufrollen, auf ein Backblech legen und 35 Minuten backen.

5. In der Zwischenzeit den Schnittlauch waschen, trockentupfen und in feine Röllchen schneiden.

6. Sahne, Milch und Gorgonzola in einem Topf erhitzen (nicht kochen lassen!) bis der Käse geschmolzen ist. Die Sauce mit Salz und Pfeffer abschmecken und die Hälfte der Schnittlauchröllchen unterrühren.

7. Den Strudel in Scheiben schneiden und auf einer Platte anrichten. Mit Schnittlauch, Maiskölbchen und Peperoni garnieren und mit der Sauce servieren.

würzig · originell

Sauerkrautpastete

ca. 1 1/4 Stunden
Ruhen: ca. 30 Minuten
ca. 670 kcal

- 250 g Mehl
- 125 g kalte Butter
- 2 Eier
- 1 Prise Salz
- 2–3 EL Milch
- 550 g Sauerkraut
- 1/8 l Federweißer oder trockener Weißwein
- 3 Äpfel
- 2 EL Zucker
- 1 Dose ganze Maronen (285 g Abtropfgewicht)
- Butter für die Form
- 1 Eigelb
- 2 EL geriebener Käse

1. Das Mehl, die Butterflöckchen, die Eier, Salz und Milch zu einem glatten Teig verkneten. Zugedeckt 30 Minuten kühl stellen.

2. In der Zwischenzeit das Sauerkraut im Wein 15 Minuten dünsten. Die Äpfel schälen, vierteln, entkernen und in Scheiben schneiden. Sie mit dem Zucker in etwas Wasser nicht zu weich dünsten. Die Maronen halbieren.

3. Den Backofen auf 180 bis 200 °C vorheizen. Eine Auflaufform mit Butter ausstreichen und im Wechsel Sauerkraut, Äpfel und Maronen einschichten. Mit Sauerkraut abschließen.

4. Den Teig ausrollen und als Deckel auf das Sauerkraut legen. Das Eigelb verquirlen, den Teig damit bestreichen und den Käse darüber streuen. Die Pastete etwa 40 Minuten backen. Wenn sie zu sehr bräunt, mit Pergamentpapier abdecken.

Tipp
Servieren Sie dazu ein Glas Federweißen oder Weißwein.

Dieses Buch gehört zu einer Kochbuchreihe, die die beliebtesten Themen aus dem Bereich Essen und Trinken aufgreift. Sie erhalten die Titel überall dort, wo es Bücher gibt.

Sie finden uns im Internet: www.falken.de

Der Verlag dankt der Firma Hengstenberg für die freundliche Unterstützung.

ISBN 3 8068 2193 3

Umschlaggestaltung: Peter Udo Pinzer
Gestaltungskonzeption: Horst Bachmann
Redaktion: Tanja Schindler
Umschlagfotos: vorne außen: Uncle Ben's (Rezept: »Sauerkraut à la Liang Chung«, S. 46 unten); vorne innen: Edelmann PR Worldwide (Du darfst) (Rezept: »Pikanter Sauerkrautauflauf«, S. 36 unten); hinten außen: (Rezept: »Sauerkrautauflauf mit Lauch«, S. 53)
Fotos: TLC-Foto Studio, GmbH, Velendorf-Ramsdorf, außer: **ADAM**, S. 10; **CMA**, S. 12, 13, 16, 22, 23, 34, 35, 38, 41, 44, 45, 47, 59; **Heinrich Bauer Service KG/City Food & Foto**, Hamburg, S. 53, 57, 61; **Edelman PR Worldwide (Du darfst)**, S. 37; **Fuchs Gewürzgarten**, S. 43; **Hengstenberg**, S. 2, 6, 7, 8; **Knorr**, S. 49; **Ringpress (LDH)**, S. 28;
Der Verlag dankt der Firma CMA für ihre freundliche Unterstützung.

Produktion & Satz: VerlagsService Dr. Helmut Neuberger & Karl Schaumann GmbH, Heimstetten
Druck: Ludwig Auer GmbH, Donauwörth

817 2635 4453 62